ACONTECEU EM WOODSTOCK

A HISTÓRIA REAL DO CONCERTO QUE MARCOU UMA GERAÇÃO

ACONTECEU EM WOODSTOCK

ELLIOT TIBER COM TOM MONTE

Tradução
Mariana Lopes

CIP-BRASIL. CATALOGAÇÃO-NA-FONTE
SINDICATO NACIONAL DOS EDITORES DE LIVROS, RJ

T428a
Tiber, Elliot, 1935-
Aconteceu em Woodstock / Elliot Tiber com Tom Monte; tradução: Mariana Lopes. - Rio de Janeiro: Best*Seller*, 2009.

Tradução de: Taking Woodstock
ISBN 978-85-7684-363-4

1. Tiber, Elliot, 1935-. 2. Woodstock, Festival (1969: Bethel, Nova York). 3. Homossexualismo – Estados Unidos. 4. Rock -- História e crítica. I. Monte, Tom. II. Título.

09-3146.

CDD: 920.930676
CDU: 929:-055/34-055.1

Texto revisado segundo o novo
Acordo Ortográfico da Língua Portuguesa.

Título original norte-americano
TAKING WOODSTOCK
Copyright © 2007 by Elliot Tiber and Tom Monte
Copyright da tradução © 2009 by Editora Best Seller Ltda.

Capa: Studio Creamcrackers
Editoração eletrônica: Abreu's System

Todos os direitos reservados. Proibida a reprodução, no todo ou em parte, sem autorização prévia por escrito da editora, sejam quais forem os meios empregados.

Direitos exclusivos de publicação em língua portuguesa para o Brasil adquiridos pela
EDITORA BEST SELLER LTDA.
Rua Argentina, 171, parte, São Cristóvão
Rio de Janeiro, RJ – 20921-380
que se reserva a propriedade literária desta tradução.

Impresso no Brasil

ISBN 978-85-7684-363-4

PEDIDOS PELO REEMBOLSO POSTAL
Caixa Postal 23.052
Rio de Janeiro, RJ – 20922-970

Você deve estar imaginando: por que um livro de não ficção precisa de uma retratação? Vou dizer por quê. Caso eu acabe no programa da Oprah, não quero ser falsamente *exposto* na frente de milhões de pessoas por ter exagerado ou modificado um pouco as coisas. Ao ler, você vai perceber que minha mãe me expõe no Capítulo 8 — e isso já foi o suficiente. Para ser o mais sincero possível, fiz o seguinte: mudei o nome de algumas pessoas que ainda possam estar vivas. Não gostava delas naquela época, então por que eu deveria dar crédito a elas agora? Para elas, deixe-me dizer que qualquer semelhança com esses babacas nazistas — quer dizer, pessoas nazistas — vivas ou mortas (ou aquelas que não sabem que estão mortas) é mera coincidência. Também mudei dois cenários, porque meu editor encheu o saco dizendo que seria menos detalhista e mais engraçado, minimizando as chances de um processo contra mim. A verdade é que o que aconteceu, *aconteceu*. Agora que todo mundo já sabe, não tenho mais medo da Oprah.

Agradecimentos

Obrigado a todos vocês que me deram apoio e carinho ao longo dos anos:

        Alyce Finell   Truman Capote
   Joan e Lydia Wilen   Marti e David Shnitter
   Neal Burstein, Esq.   Renee Teichberg Brisker e
                                  Yuri Brisker
   Jack Blumkin, CPA   Rachelle Teichberg Golden
                                  e Sam Golden
Robbin e Steve Kauffman   Andre Bishop, do Lincoln
                                  Center
     Manhattan Plaza   RTB TV Brussels
        Steve Korvey   Editions Rossel of
                                  Belgium
     Haig Palanjian   CineVog Film of Paris
        Helen Hanft   *Life* Magazine
  Joe Sidek (Penang)   Richie Havens
      Todd Hoffman   Rainha Fabiola, da Bélgica

Daniel Bohr	Presidente Giscard D'Estaing
Christian Lang	John Roberts
Jon Gabrietta	Joel Rosenman
Calvin Ki	Artie Kornfeld
Katherine Hepburn	Stan Goldstein
Ingrid Bergman	Annie Cordy
Michael Moriarty	Claude Lombard
Molly Picon	Anny Duperey
Marlon Brando	Bernard Giraudeux
Wally Cox	Max Yasgur
Tennessee Williams	Woodstock-Preservation Archives

Finalmente, eu gostaria de expressar minha gratidão às pessoas maravilhosas da Square One Publishers que me ajudaram a tornar esta obra possível: Rudy Shur, Joanne Abrams e Anthony Pomes. Por último, mas não menos importante, Tom Monte, que ajudou a transformar este livro em realidade.

*Este livro é dedicado a Michael Lang,
produtor do Festival de Artes e Música Woodstock
de 1969, em White Lake, Bethel, Nova York.*

*Michael, você me deu uma vida
completamente nova
e me apresentou a um mundo cheio
de sonhos e autoestima.
Sou eternamente grato a você.*

*Este livro também é dedicado
à memória de Andre Ernotte.
Um diretor. Um poeta. Um escritor.
Um artista. Um ser humano.
Meu amor e meu melhor amigo.*

Sumário

1. Perdido em White Lake, 13
2. A maldição dos Teichberg, 27
3. Minha "outra" vida, 49
4. Cavando meu próprio túmulo enquanto rio histericamente, 73
5. Stonewall e as sementes da libertação, 99
6. A galinha dos ovos de ouro pousa no El Monaco, 125
7. E o mundo é criado novamente, 145
8. A primeira onda, 165
9. White Lake se rebela, 181
10. Todos querem um pouco da ação, 211
11. O dia é salvo, 243
12. Aconteceu em Woodstock, 277

Epílogo, 293

1

Perdido em White Lake

— Elli!

Mais uma vez. Minha mãe estava gritando meu nome desesperadamente, como uma mulher presa em um prédio em chamas. Berrava tanto que sua voz estava mais alta que o ronco do cortador que eu empurrava relutantemente pela grama. O grito vinha do escritório do hotel que tínhamos em White Lake, Nova York, uma pequena vila perto do lago em Catskill Mountains. Virei e olhei para o escritório para ver se estava pegando fogo ou se havia muita fumaça. Não havia nada, é claro. O problema não devia ser pior do que uma torneira vazando.

— Eliayhu! — Agora ela disse meu nome todo para demonstrar como a situação era séria. — Venha até aqui! Sua mãe sofredora precisa de você! — A voz dela era penetrante como uma faca.

Desliguei o cortador de grama enferrujado e fui até o escritório. Minha mãe estava atrás do balcão, de frente para um homem baixo de camisa vermelha, bermuda mostarda, meias até os joelhos e um chapéu pequeno enfiado na cabeça careca. Ele estava com tanta raiva que sua ira irradiava pelas costas.

— Qual é o problema, mãe?

— Este senhor com o Cadillac chique quer o dinheiro de volta — ela disse. Sua mão direita fez um movimento no ar e depois pousou no peito, como se esperasse um ataque cardíaco. — Eu disse a ele que não havia devoluções. Não andei de Minsk, na Rússia, até aqui na neve de seis metros de altura, trazendo batatas geladas no bolso e com os soldados do Czar correndo atrás de mim, para reembolsar você pelo quarto, sr. Pomposo que reclama dos meus lençóis.

— Os lençóis estão manchados — ele disse, tentando controlar a raiva. — Encontrei... pelos pubianos na cama, pelo amor de Jesus menino! O telefone não funciona e não há ar-condicionado, só uma caixa de plástico na janela.

Tudo isso era verdade, é claro. Ficamos anos sem uma máquina de lavar, então meu pai, que era o faz-tudo, levava os lençóis para o porão, fazia uma pilha com eles, jogava detergente e lavava com a mangueira. Às vezes nem detergente usava. Depois pendurávamos os lençóis para secar no terreno alagado atrás do hotel, onde havia centenas de pinheiros, para dar aquela fragrância de "pinho fresco".

Quando finalmente compramos a máquina de lavar, mamãe raramente usava sabão em pó, para economizar dinheiro. Hoje, ela não se dá ao trabalho de lavá-los, apenas remove os pelos e passa os lençóis enquanto ainda estão na cama.

O telefone e o ar-condicionado eram apenas enfeites. Um dia, um funcionário insatisfeito da companhia telefônica apareceu com cem telefones e um quadro de distribuição antigo — provavelmente dos anos 1940 — que ele prometeu instalar, ilegalmente, por 500 dólares. Minha mãe, uma perita na arte de pechinchar, fez uma contraoferta. "Querido moço do telefone, acha que eu vim andando de Minsk, em 1914, à meia-noite, com batatas cruas no bolso, para você me enganar com os telefones? Só podemos pagar 12 dólares em dinheiro mais uma dúzia de cervejas e um belo prato de *cholent* quente da mamãe", que era o ensopado de carne e batata da minha mãe. Depois ela fechou o negócio dizendo: "Pelo que oferecemos, ficamos com tudo!"

O cara encolheu os ombros, largou aquela bagunça de telefones, linhas e quadro de distribuição no escritório, pegou o dinheiro e saiu para beber. Não tínhamos o que fazer sem a ajuda dele, é claro, o que significa que tudo o que ganhamos pelos 12 dólares foi a ilusão de ter telefones. Papai ficou com a tarefa de instalá-los, a qual cumpriu com grampos e fita adesiva. Depois arranjamos tampas para ar-condicionado e as colocamos nas janelas. Quando terminamos, espalhei cartazes nos quartos e no hotel que diziam: "Perdoem a aparência enquanto instalamos telefones e aparelhos de ar-condicionado para seu conforto."

Esse era um dos motivos para obrigarmos os clientes a pagarem pelo quarto antes de vê-lo e por que eu coloquei um cartaz muito visível no balcão do escritório que dizia: "Só aceitamos dinheiro — sem devolução." Toda vez que alguém aparecia para pagar com cartão de crédito, minha mãe entrava em ação.

— Senhor, preste atenção. Sou uma mãe idosa e judia que só quer comprar leite quente para seus filhos — dizia. — Vou ficar com seu cartão de plástico até você pegar o dinheiro com sua esposa.

Eu não conseguia estar em todos os lugares ao mesmo tempo, o que significava que minha mãe ficava sozinha com os possíveis clientes pagantes — um pesadelo do ponto de vista empresarial, assim como pessoal, já que eu tinha de lidar com os problemas depois. O que me faz lembrar do homem parado na minha frente, com cara de quem quer nos enforcar.

— Não há toalhas no quarto também — afirmou.

— *Oy*, agora as toalhas. Se quiser uma toalha — disse minha mãe —, vai ter de pagar mais. Se quiser sabonete, precisa pagar 1 dólar. Acha que damos essas coisas de graça? Tenho cara de Sra. Rockafeller?

— Que tipo de lugar é este? — perguntou, balançando a cabeça. — Quero meu dinheiro de volta!

Eu queria avisar que o dinheiro dele não existia mais, que, assim que ele o entregou à minha mãe, a grana caiu em uma espécie de vácuo cósmico no contínuo espaçotemporal, em um buraco negro, onde a passagem podia ser encontrada no sutiã de minha mãe. Só Deus sabia para onde ia dali, mas eu tentava não pensar nessas coisas. Ainda assim, independentemente da quantidade de clientes que tínhamos por mês — mesmo nos meses bons, os quais eram poucos —, não tínhamos dinheiro para pagar a conta de luz nem a hipoteca. A misteriosa perda de dinheiro fazia parte do que eu gostava de chamar de "a maldição dos Teichberg", um azar maligno instalado na família que garantia nossa derrocada financeira. Esse foi um dos motivos pelos quais mudei meu nome de Eliyahu Teichberg para Elliot Tiber, uma tentativa ridícula e frustrada de me distanciar desse carma. "Bem-vindo ao hotel dos infernos", era o que eu queria dizer àquele homem e a todos que estivessem ouvindo. Mas resolvi poupá-lo dos detalhes mórbidos e expliquei como as coisas funcionavam em nosso hotelzinho desgraçado.

— Está escrito "sem devolução" no cartaz — afirmei secamente. — Você paga e fica com o quarto como está. Esse é o acordo aqui.

Ele deu uma porrada no balcão e saiu revoltado do escritório.

— Bem, mãe, outro cliente satisfeito — eu disse, sem olhar para ela.

— Se você imagina por que nunca voltam, aí está sua resposta.

— Você precisa de uma namorada! — gritou. — Quando você vai me dar netos?

Ela me seguiu até a porta, mexendo muito a mão para dar mais ênfase.

— Elliot! Aonde você vai?

— Ao mercado. Precisamos de leite — eu disse.

Entrei no meu Buick preto conversível e fui até a rodovia 17B. Só consegui voltar a respirar direito quando vi nosso hotel ficando cada vez menor no retrovisor.

Estávamos no início de junho de 1969, e o tempo era praticamente a única coisa boa em White Lake, uma minisseção de uma pequena vila chamada Bethel, a 145 quilômetros da cidade de Nova York. Quando chegamos a White Lake, em 1955, a vila de Bethel tinha um corpo de bombeiros composto por voluntários, um encanador hostil, vinte bares e uma população de umas duas mil almas — a maioria delas, descobrimos depois, de preconceituosos assumidos. Pouca coisa mudou nos 14 anos que se seguiram.

As montanhas Catskills eram amplamente conhecidas como Borsch Belt, adquirindo esse nome por causa da sopa de beterraba famosa entre muitos judeus do leste da Europa. Os judeus começaram a migrar para esta região no início do século XX. Eles inauguraram hotéis, motéis e colônias de bangalôs, onde pessoas de classe média e baixa — a maioria judeus de Nova York — podiam escapar do calor da cidade. Em algum momento, resorts maiores foram construídos, como o Grossinger's e The Concord, nos quais muitos comediantes excelentes — incluindo Sid Caeser, Danny Kaye, Mel Brooks e Jerry Lewis — se apresentavam regularmente.

Os donos dos hotéis, bangalôs e resorts geraram empregos e a região teve sucesso durante muitos anos, isto é, até meados dos anos 1950, quando as pessoas poderiam viajar para Flórida e para Santa Fé pelo mesmo preço das férias em Catskills. Nesse momento, todos os negócios locais começaram a decair. Foi mais ou menos nessa época que meus pais resolveram comprar nosso hotel, o qual chamamos de El Monaco agora.

No fim dos anos 1960, White Like, como toda a região de estação de férias de Catskills, estava sofrendo com o período de vacas cada vez mais magras. Em toda Bethel, casas, motéis e hotéis vitorianos antigos estavam uniformemente em decadência. As entradas apodreciam e as janelas estavam despencando. Muitos moradores deixaram heras crescerem na parede das casas para esconder a tinta que estava descascando e a madeira desgastada por baixo. O cais de White Lake estava lentamente afundando. Os famosos resorts não estavam em condições melhores. As Castkills estavam se tornando conhecidas pelos incêndios misteriosos que aconteciam depois de toda primeira terça-feira de setembro, quando as pessoas que estavam de férias voltavam para casa. O fluxo de turistas diminuiu e o lugar ficou sinistramente calmo. Como não havia mais negócios, os empregos acabaram. As pessoas foram demitidas e a região passou por tempos difíceis. Adivinha quem foi culpado?

Quase sempre, eu me desentendia com os moradores locais, que não hesitavam em expressar a opinião negativa que tinham em relação às minhas raízes étnicas e religiosas. Um dia, um jovem ruivo agressivo, com um rosto vermelho cheio de espinhas, passou com seu trator em nosso hotel para ver se a grama estava precisando ser cortada. A verdade era que eu não tinha dinheiro para pagar o pouco que ele queria pelo trabalho. Agradeci e disse que o FBI não permitia que a vegetação nuclear de uma experiência governamental secreta que crescia em nosso terreno fosse cortada.

Eu estava tentando ser simpático e dar umas risadas com ele, mas, aparentemente, ele não entendeu a piada.

— Seu judeuzinho veado de merda! Está me sacaneando? Vou pegar você, seu judeu boqueteiro... Você e a piranha da sua mãe!

Será que eu disse alguma coisa errada? Talvez experiências governamentais secretas fossem uma questão delicada para ele. Algumas horas depois, ele passou com o trator sobre o que eu alegremente chamava de "ala presidencial" do nosso hotel. Papai substituiu o revestimento de madeira quebrado por portas e todos concordamos que o serviço de reconstrução era uma evolução do projeto antigo.

A maioria dos antissemitas e nazistas deslocados nunca havia sido violenta — pelo menos não até o fim daquele verão, quando vários eventos estranhos e inesperados ocorreram. A maioria se satisfazia em expressar o desprazer que sentia com a existência de nosso hotel e da família Teichberg com palavras maldosas.

Havia uma lanchonete e bar em Bethel que eu costumava frequentar por causa dos excelentes pratos à parmegiana. O dono do lugar era um cara chamado Bud, também conhecido como Joe, que morava em cima do bar com seus dois filhos crescidos que faziam tijolos parecerem seres inteligentes. Um dia, entrei na lanchonete do Bud no meio da tarde e o encontrei cercado por alguns membros da elite intelectual do local, todos bêbados e desgrenhados. Bud estava entre seus admiradores.

— Passei pelo seu hotel no fim do expediente ontem à noite — disse Bud com um sorriso malévolo —, e vi que havia umas mulheres gordas e estranhas saindo de lá. Você cobra mais caro pelos serviços sujos que essas garotas realizam nos quartos? Os rapazes e eu estávamos pensando se vocês realmente conseguem limpar os lençóis depois que esse tipo de mulher os usa. Eu nunca alugaria quartos para essas sapas sujas!

Depois que Bud deixou escapar essas observações inteligentes, os rapazes se apoiaram na mesa, dando risadinhas e ofegando como hienas que esperam sua presa dar um passo errado.

— Eram duas freiras aleijadas, Bud — eu disse. — Ambas foram feridas na Coreia, cuidando dos nossos rapazes. Ficaram cegas por causa das granadas de morteiro, coitadinhas. Elas bebem para esquecer o que passaram.

As hienas calaram a boca e olharam para mim, confusas.

— Mas, bem — continuei —, se vocês acham que não deveríamos dar boas-vindas a heroínas como elas em nossa linda cidade, vamos conversar sobre isso na próxima reunião da Câmara de Comércio.

Por alguma loucura do destino, eu era o presidente da Câmara de Comércio de Bethel. Tornei-me membro para ajudar a atrair mais negócios para a vila e, principalmente, para o El Monaco. Como eu era o membro com a melhor educação presente na hora da votação do presidente, acabei como líder da instituição. Vai entender!

Dirigindo meu conversível na rodovia 17B, tive a impressão de que um dos moradores simpáticos poderia jogar uma pedra em mim. Mas todas essas preocupações desapareceram quando cheguei à fazenda do meu amigo Max.

Max era nosso leiteiro. Ele e a esposa, Miriam, eram donos do terreno de morrinhos e vales mais bonito de toda a região de Sullivan. Ele havia estudado Direito Imobiliário na New York University, mas se mudara para o norte do estado nos anos 1940 para ter uma fazenda que produzisse laticínios. Ao longo dos anos, Max e Miriam haviam implantado uma das maiores e mais bem-sucedidas produções de laticínios do leste de Nova York, que contava com um enorme complexo de refrigeração e uma linha de caminhões que cobria todo o estado e o norte da Pensilvânia. Os dois gerenciavam um mercado pequeno que vendia os produtos fabricados na fazenda e alguns itens de mercearia. Fumador de cachimbo, sábio e com cara de tio, Max era um príncipe e o único amigo de verdade que eu tinha naquele lugar. Todo ano, eu fazia de tudo para trazer mais gente — e, portanto, mais negócios — a White Lake ao organizar um festival de música e arte. Eu também encenava peças no teatro que construímos no celeiro de nossa propriedade. Max providenciava produtos de laticínio, como iogurte e sorvete, para a plateia. Ele também andava com sua caminhonete vermelha pela cidade, distribuindo panfletos nos estabelecimentos do local, anunciando o festival de música e arte ou a peça que estivéssemos encenando. Mas ele sempre insistia em pagar pelo ingresso para os shows e peças.

 Quase sempre eu ia à fazenda do Max para escapar da insanidade do nosso hotel e dos meus pais — sem contar com as pessoas "maravilhosas" de White Lake. Eu caminhava pelo mercado dele com uma familiaridade confortável, pegando recipientes de leite, iogurte, manteiga, geleia e outros produtos. Enquanto isso, Max e eu batíamos um papo.

— Vai realizar o festival de música e arte este verão, Elliot? — perguntou Max.

— Vou — respondi.

— Vai ter algum show diferente?

— Só o mesmo encontro de bandas esforçadas de sempre. A maioria é daqui mesmo — disse eu. — Vamos deixar algumas pessoas surdas e escandalizar outras, mas vai ser um festival de música de qualquer jeito.

— Estarei lá — disse Max. — Você faz muito pela nossa cidade, Elliot. Deus sabe que precisamos de alguma coisa. O que eu puder fazer para ajudar, é só avisar. Pode trazer os panfletos que tiver e deixe a distribuição comigo.

— Obrigado, Max. Espero que pelo menos algumas pessoas venham desta vez — disse eu. As únicas pessoas com quem eu poderia contar eram Max, os Grossinger e alguns donos dos resorts maiores.

— Continue fazendo a mesma coisa, Elliot — disse Max. — Quem sabe as notícias não se espalham e seu festival acaba ficando famoso? Você pode se surpreender.

— Não conte com isso, Max. Reza a lenda que os mafiosos enterravam os corpos em White Lake porque sabiam que Bethel era sinônimo de "perdido".

Max riu enquanto passava os itens pela caixa registradora.

— Mas obrigado pelo apoio, Max. Só restam minhas fantasias para me manter animado esses dias. — Isso e a tranquilidade do meu amigo, Max Yasgur.

A verdade é que eu cultivava várias fantasias, e aquelas mais próximas do meu coração não poderiam ser reveladas às pessoas comuns de White Lake nem ao resto do mundo, diga-se de passagem. Uma das fantasias estava relacionada a este lugar infeliz e ao fardo que eu chamava de hotel. Eu sonhava em realizar um festival de música que trouxesse pessoas a Bethel, enchesse meu hotel e desse lucro para que eu pudesse vendê-lo a um idiota rico. Até então, não obtivéramos qualquer lucro nos 14 anos em que gerenciamos este lugar, e graças à maldição dos Teichberg, meu festival de música e arte era um fiasco. Mas é difícil esquecer algumas fantasias e, por motivos que desconheço, eu ainda tinha esperanças.

2

A maldição dos Teichberg

Nasci em Bensonhurst, uma região de Brooklyn, Nova York, famosa pelo racismo e pelo cannoli.* Bensonhurst, pelo menos na época em que eu estava crescendo lá, era cheia de italianos e judeus culpados. Muitos famosos dessas etnias emergiram desse ventre, incluindo Danny DeVito, Elliot Gould, Larry King e os Três Patetas. Os Teichberg eram os Seis Patetas — o dobro da loucura.

---

* Cannoli é um canudo de massa crocante recheado com ricota e cremes leves. É um doce italiano. (N. *da T.*)

Minha mãe, depois de uma caminhada difícil pelas neves da Rússia, chegou a Nova York em 1912. Os pais do meu pai tiveram de vir da Áustria dez anos antes da minha mãe. Eles se estabeleceram em Borough Park, onde meu avô abriu um negócio que envolvia telhados. Desde muito pequeno, em Salzburg, meu pai sempre trabalhou como assistente de meu avô. Quando chegou a hora de ele escolher um emprego no novo país, sua carreira já estava concentrada no piche. Porém, nem todas as escolhas que ele fez foram influência direta de seus pais. Quando meu pai e minha mãe começaram a namorar, minha avó — que nunca foi famosa pela sutileza — deu um conselho cuidadoso a ele. Traduzido imprecisamente do iídiche, ela disse: "Livre-se daquela piranha russa ignorante." Como não apreciava conselhos, em vez disso, ele casou com ela.

Como a maioria dos imigrantes, meus pais não confiavam nos bancos. Em vez de guardarem o dinheiro lá, eles o enfiavam no colchão. Quando houve a crise de 1929 e os bancos entraram em colapso, meus pais tinham alguns milhares de dólares — o suficiente para comprar uma casa de três andares, três quartos e um banheiro na Seventy-Third Street. Eles também compraram um prédio de quatro andares sem elevador na esquina da Seventieth Street com a Twentieth Avenue. No térreo daquele prédio, abriram uma loja de ferramentas e utensílios domésticos. Nela, a ambição de minha mãe começou a colocar as asinhas de fora.

Nenhum item da loja dos meus pais tinha preço — uma estratégia flexível que permitia que minha mãe desse o preço com base em quanto ela achava que a pessoa podia pagar. Algumas vezes os clientes perguntavam o preço para alguém na loja. Minha mãe saía correndo, usava seu dom mediúnico que determinava instantaneamente o status financeiro do cliente e dava um preço.

"Para você, querida, 19,99 dólares, e nenhum centavo a mais! É um preço especial porque estou me sentindo generosa hoje." A loja de mamãe era o *Roda a roda* original.

Às 18h, toda noite — menos sábado, o dia em que a loja estava fechada —, minha mãe ia de bicicleta para casa na Seventy-Third Street. Que visão pitoresca: uma espécie de zagueiro pequeno sentado numa estrutura inclinada com pneus desalinhados, pedalando furiosamente. Quase dava para ver os números voando na cabeça dela enquanto calculava os recibos do dia.

Quando chegava em casa, ela começava a preparar o jantar. O ar ficava cheio de vapores enfumaçados e fétidos, e no meio dessa massa de nuvens, víamos vagamente a figura cilíndrica de mamãe. Era especialista em gordura — temperada com alho. Enfiados na gordura, estavam uns restos de carne e legumes, mas o prato principal era sempre uma meleca encaroçada que ela servia com um orgulho maternal que sutilmente escondia a raiva pelas possíveis críticas.

Minha irmã Goldie, 12 anos mais velha que eu, devorava a comida de minha mãe, assim como eu, o que explicava parte do fato de nós dois estarmos acima do peso. É impressionante como a gordura pode ser gostosa se você não tem um parâmetro para comparação. Rachelle, nove anos mais velha que eu, e Renee, quatro anos mais nova, ficavam mexendo na comida como se fosse lixo tóxico. Obviamente, as duas sempre foram magras. A única coisa que nos salvava da comida perigosa de mamãe era o estoque de barras de chocolate, balas e donuts que cada um de nós havia escondido no quarto. As guloseimas — compradas pelo meu pai, que era uma formiguinha — também serviam como automedicação contra a grosseria de minha mãe.

"Você é gordo e burro, Eliyahu", minha mãe sempre me dizia, usando meu nome original hebreu para ter certeza de que eu estava ouvindo. "Burro, está ouvindo? O que vai ser de sua pobre mãe?" Ela lamentava. "Como eu aturo você? Por que aturo você? Você vai acabar me matando, está ouvindo?" Geralmente, nessa hora, eu fugia da maneira que podia, correndo escadaria acima para o meu quarto, onde mantinha meu estoque de donuts e barras de chocolate.

Depois do jantar, minha mãe e meu pai voltavam à loja e trabalhavam até as 11h da noite, muito tempo depois de todas as almas já terem desaparecido das ruas. Em minha adolescência, eu ia à loja com eles, e às vezes trabalhava até meia-noite. Quando não estava lá, eu ajudava meu pai com o negócio de telhados. Nunca me pagaram nenhum centavo pelo trabalho que fiz, mas fui criado para acreditar que esta era a minha sina.

Um dia de trabalho comum do meu pai durava de 12 a 16 horas. Depois de passar o dia todo cobrindo telhados com camadas de piche, ele ia para casa, jantava, tirava uma soneca — se tivesse tempo — e ia trabalhar no circo de ferramentas e utensílios domésticos. Ele fazia a manutenção geral, consertava ferros de passar e torradeiras e fazia chaves atrás do balcão desordenado que, um dia, seria igual ao do hotel El Monaco.

Meu pai, um homem simples e humilde, lidava com a vida escapando dela da melhor maneira possível. Ele ouvia rádio curvado e completamente concentrado, como se a voz de Deus estivesse saindo daquele aparelho. Fumava constantemente e tirava um cochilo quando era possível — isto é, até que minha mãe quisesse me punir por algum motivo. A voz penetrante de minha mãe cortava o ronco alto dele como uma serra elétrica em um tronco grosso. "Jaaaaaack!", ela gritava. "Desça aqui agora. Talvez eles se comportem com você." Quando meu pai descia furioso pelas escadas, já estava abrindo o cinto. Ele tinha a estrutura e a força de um homem que fez trabalho manual a vida toda. Quando ele batia, você ficava umas duas horas desnorteado.

Depois de apanhar e gritar enlouquecidamente, eu era mandado para o quarto sem jantar — o que, analisando melhor, não era tão horrível assim. Mas depois, antes de voltar à loja, mamãe acabava levando um prato para mim. Ela ficava sentada na ponta da cama enquanto eu comia e me fazia jurar — sussurrando, para que meu pai não ouvisse — que eu seria um bom menino o resto de minha vida.

Isso era o mais próximo que eu recebia de amor de mãe — esses momentos íntimos depois de ser castigado, as marcas ainda recentes em meu corpo, quando ela me dava o ensopado para comer. Só ela conseguia me fazer sentir culpado do jeito que fazia. De um lado, ela deixava bem claro que eu havia feito algo de errado para ela — um crime horrendo contra a natureza e contra Deus. De outro, ela me colocava numa espécie de conspiração bizarra contra meu pai. Ele havia me castigado — a serviço dela, diga-se de passagem —, mas agora mamãe e eu éramos amigos e papai era o excluído, o cara mau. Ele não fazia parte de nosso momento íntimo. No fundo, eu sabia que havia algo de errado nessa situação e tinha certa noção de culpa. Deus, eu era só uma criança com fome de amor e de comida. Mas na nossa casa nenhuma das duas coisas era boa.

Os poderes mediúnicos de minha mãe não eram limitados a adivinhar a quantidade de dinheiro na bolsa de algum cliente. Ela regularmente recebia mensagens dos mortos — ou pelo menos de um deles, o pai dela, que fora rabino. Quando eu tinha 4 anos, minha mãe recebeu instruções telepáticas de meu avô para me mandar para o Yeshivá. O rabino declarou que meu destino era me tornar rabino também, para que eu pudesse dar *nochas* ("prazer" em iídiche) à minha mãe sofredora. Então, na delicada idade de 4 anos — ela teve de mentir sobre minha idade para eu entrar na escola —, minhas malas foram feitas e eu fui mandado para o Yeshivá.

Era um inferno, oito horas por dia estudando uma língua anciã e leis talmúdicas guiando vacas que apareciam em nosso quintal. É verdade, vacas itinerantes não eram um problema sério no Brooklyn, mas, mesmo assim, eu precisava saber o que fazer se uma vaca *realmente* aparecesse. O medo permeava todo o esquema — medo de Moisés e todas as suas leis, às quais era inevitável desobedecer, e medo daquele Deus "invejoso" e "vingativo", que se irritava regularmente e mandava pragas para os alunos gordinhos de Yeshivá que negavam Sua existência. Aos 5 anos, declarei que era ateu, para o desgosto dos rabinos que me educavam.

Mas Moisés riu por último. Yeshivá, além de tudo, era um pesadelo social. Em vez de me fazer sentir parte de algo que era maior que eu, a escola só aumentou meu isolamento. Primeiramente, eu havia saído de minha vizinhança e ido a uma instituição judia particular cheia de crianças ricas que chegavam nos Cadillacs dos pais. Meu pai me levava à escola em sua caminhonete Ford verde. É claro, eu era sacaneado por ser gordo, feio e pobre, e pelo fato de meu pai estar sempre coberto de piche quando ia me buscar.

Depois que eu chegava em casa, as coisas não melhoravam. Por não frequentar uma escola pública, não me enturmei com as crianças da vizinhança, e algumas delas me ridicularizavam por eu ir ao Yeshivá. Para piorar a situação, eu gostava de música clássica, o que me deixava completamente fora de sintonia com o resto de minha geração. Eu era nerd antes mesmo dessa palavra existir.

Minhas únicas maneiras de extravasar eram desenhar e pintar, e, ironicamente, a loja de ferramentas me dava muitas oportunidades de fazer isso. Eu tinha permissão para montar displays criativos nas vitrines da loja. Esvaziava a vitrine, selecionava e arrumava produtos em ordem atraente. Eu pintava paisagens de fundo ousadas e recados espirituosos. Às vezes, criava imagens de papel machê. Quando perguntava à mamãe se eu podia comprar bolas de encher ou papel crepe para dar mais destaque a meus desenhos, ela me lembrava (mais uma vez) daquela longa caminhada pela neve de seis metros de altura da Rússia, com os soldados do Czar atrás dela. "Tenho cara de quê, Eliyahu? De czarina?"

Quando as bolas de encher eram vetadas, eu pegava uma tinta rosa-shocking brilhante e criava murais e desenhos engraçadinhos para dar um pouco de humor e estilo às vitrines. Pintar e desenhar me permitiam escapar da insanidade e do isolamento do meu próprio mundo para uma vida que era bonita, harmônica e organizada. Objetos comuns — potes, panelas, luzes, escadas e cintos de ferramenta — se transformavam em elementos artísticos. Objetos que não tinham qualquer relação óbvia entre eles de repente pareciam interligados e mais significativos quando eram agrupados da maneira certa.

Quando terminava uma vitrine, eu chamava meus pais para darem uma olhada. Papai dava de ombros. Mamãe, que sempre suspeitava de furtos, inspecionava o material para se certificar de que eu não havia pegado nada essencial à loja. "Não quero que desperdice pregos, Eliyahu. Está me ouvindo?" Eu só via mamãe sorrindo quando o faturamento do dia era bom.

Na época do verão, eu trabalhava com meu pai consertando telhados em todos os cantos de Brooklyn. Eu levava papel de betume e equipamentos para o alto dos prédios. Escadas e altura me deixavam assustado. Eu me segurava nos degraus como se fosse morrer, tentando desesperadamente não olhar para baixo enquanto carregava um balde de piche ou um maço de papel de betume. Depois de chegar lá em cima, meu pai e eu cobríamos o telhado com o papel e o piche molhado enquanto fritávamos no sol. Não estávamos construindo as pirâmides, mas parecia trabalho escravo para mim.

Apesar disso, como são estranhas as ligações formadas entre pai e filho que trabalham juntos, geralmente em silêncio. Enquanto via meu pai dando duro no calor do sol, eu tentava fazer o mesmo, não só para seguir seu exemplo, mas para conquistar o amor dele. Imaginava que ele sentia um indício do que eu sentia — que estávamos unidos, não só pelo objetivo comum de fazer o trabalho rápida e corretamente, mas pelo coração também. Nós éramos companheiros no esforço compartilhado de sobreviver aos ataques diários de minha mãe.

É claro, trabalhar com telhados me fez parecer mais estranho ainda para os poucos amigos que eu tinha na vizinhança. Eles passavam pelo menos uma parte do verão em Catskills e voltavam para casa com histórias sobre pescarias, natação e caminhadas nas florestas. Quando me perguntavam o que eu havia feito no verão, eu olhava para as minhas mãos sujas de preto e dizia: "Nada de importante. Trabalhei com meu pai." E até hoje adoro o cheiro de piche fresco.

☮ ☮ ☮

Por ter começado a primeira série quando tinha 4 anos, eu estava pronto para entrar na faculdade com 16 anos. Eu queria muito entrar para a Pratt School of Art and Design em Nova York. A matrícula custava 500 dólares, os quais eu havia guardado do meu bar mitzvah e estava muito feliz em desembolsar para escapar da Seventy-Third Street. Mas o destino, ou seja, minha mãe, tinha outros planos. Minha irmã Goldie ia se casar e precisava ganhar presentes. Um sofá amarelo-esverdeado secionado em forma de rim, que era a última moda na época, custava mais ou menos 200 dólares. Ela precisava de uma festa de noivado, o que custou mais 200 e, é claro, um vestido de noiva por mais uns 100 dólares.

— Vou pegar 500 dólares emprestados com você, Eliyahu — avisou minha mãe.

— Tenho escolha? — perguntei sem forças.

— Qual é o seu problema? Não confia na sua mãe? Que espécie de filho é você? Corri pelas neves da Rússia com os soldados do Czar tentando me cortar aos pedaços para poder trazer você ao mundo e você quer privar sua mãe do único prazer da vida dela, dar um casamento à filha!

Acabou. Eu sabia que o dinheiro já era. Não pude conter as lágrimas que encheram meus olhos e escorreram pelo meu rosto. Minha única escapatória de Bensonhurst estava sendo arrancada dos meus dedinhos rechonchudos.

— A senhora vai me pagar de volta, mãe? — perguntei. — Preciso desse dinheiro para a faculdade.

— Jaaaaaaaack! — gritou minha mãe. — Venha até aqui. Seu filho está partindo o coração da mãe dele!

Eu podia ouvir meu pai tirando o cinto enquanto descia as escadas.

Quando chegou a hora de eu enviar os 500 dólares para a matrícula da Pratt, mamãe avisou que não podia me pagar de volta porque precisava do dinheiro para a hipoteca e tinha de comprar vestidos novos para minha irmã Rachelle. "Como Rachelle vai encontrar um marido judeu bonito usando os vestidos de cortina antigos de Goldie?", ela perguntou enquanto eu chorava. E assim meu sonho de ir à Pratt se foi.

Felizmente, o destino ofereceu um caminho alternativo. A cidade e o estado de Nova York cobriam os custos de uma faculdade para seus cidadãos necessitados. Na época, Hunter College — uma faculdade para meninas durante muito tempo — estava com problemas financeiros. Para continuar funcionando, a administração tomou uma atitude desastrosa. Eles aumentariam a quantidade de matrículas, portanto estariam qualificados para receber fundos da cidade e do estado, admitindo estudantes do sexo masculino com notas ruins e sem dinheiro. Eu me encaixava perfeitamente no perfil.

Hunter não era minha primeira alternativa. Depois de Pratt, eu preferia ir a Brooklyn College, onde havia um ensino de vanguarda da arte moderna, mas a faculdade tinha padrões elevados e apenas pessoas inteligentes com notas boas podiam entrar. Então ou era Hunter ou não era nada. Depois de meu primeiro ano lá, minhas notas eram boas o suficientes para eu conseguir entrar na Brooklyn, onde acabei estudando e ficando amigo de alguns mestres da arte moderna — Mark Rothko, Ad Reinhardt, Jimmy Ernst e Kurt Seligman. Apesar de todos serem considerados celebridades no mundo da arte, na época ainda eram desconhecidos e estavam duros quando estudei com eles.

Rothko, cujos quadros agora estão expostos no Guggenheim, na National Gallery of Art, no Metropolitan Museum of Art, no Museum of Modern Art e na famosa Tate Gallery de Londres, se tornou meu mentor e amigo. De certo modo, ele me adotou como um de seus discípulos. Trabalhávamos juntos depois das aulas durante horas. "Seus desenhos com pena e nanquim mostram a sensibilidade de um artista", disse ele um dia. "Vou ensinar a linguagem do nanquim e, depois, das tintas."

Rothko era famoso por usar cores, as quais comunicavam as emoções cruas que ele sentia e que queria despertar naqueles que viam seus quadros. Seus murais gigantescos e formas abstratas quase sempre faziam seus admiradores chorarem. Muitos diziam sofrer experiências religiosas enquanto olhavam para o trabalho dele, e ele dizia que quem sentia tais emoções estava compartilhando a experiência que ele teve quando estava pintando.

Rothko rejeitou todos os rótulos nos quais o mundo artístico tentou encaixá-lo, incluindo colorista e artista abstrato. "Não estou interessado na relação entre forma e cor", dizia ele. "A única coisa que me importa é expressar os sentimentos básicos do ser humano — tragédia, êxtase e destino."

Quando éramos amigos, ele quase sempre estava duro. Eu compartilhava meus cigarros com ele, levava sanduíches e, de vez em quando, uma garrafa de vinho. Ele tinha olhos castanhos grandes, que eram sentimentais e tristes, e um bigode pequeno que, quando fazia determinada expressão, lembrava um jovem Groucho Marx. Um dia, quando estávamos fumando um cigarro depois do almoço, Mark me disse: "Ignore sua mãe russa. Eu também sou russo" — o nome original dele era Marcus Rothkowitz —, "então sei do que estou falando. Apague tudo o que ela já disse. Ela está errada em relação a tudo. Saia de casa e arranje um ateliê. Diga a ela para se tornar uma rabina, e não você."

Às vezes ele deixava que eu o observasse trabalhando no ateliê dele. Eu presenciei o esforço que teve para encontrar a forma e a cor que expressassem as paixões ocultas e dores existenciais que fazem parte da condição humana. Era óbvio que o cara era um gênio. E, para falar a verdade, eu me sentia honrado de estar na presença dele.

"Você tem um talento artístico genuíno e a alma de um poeta", ele me disse um dia. Essas palavras ficaram comigo o resto da vida. Eu era artista, isso eu sabia. Mas o fato de Mark Rothko respeitar meu trabalho e me apoiar era como ser abençoado por um rei. E, com certeza, eu me sentia profundamente atraído pelo mundo dele e pelo mundo artístico que eu sabia, mesmo que subconscientemente, estar no limiar de uma espécie de iniciação. A arte, como um corredor amplo cuja porta estava misteriosamente aberta, me chamava para entrar. Eu olhei para o corredor e, depois, para Mark, e imaginei se não estava olhando para meu próprio destino — ser um pobretão desconhecido e tomado pelas minhas próprias paixões obscuras.

Mark não estava apenas sem dinheiro, mas ficava desanimado e deprimido com frequência. Acabou cometendo suicídio, cortando os pulsos. Outros artistas que eu conhecia e admirava estavam condenados pelas mesmas poesias e obscuridades. Ad Reinhardt, outro professor e mentor meu, bebia muito e tinha depressão crônica. Eu me lembro do dia em que estava em seu ateliê e o vi chorar sem controle porque não conseguia fazer com que a cor do preto ficasse intensa o suficiente em um de seus quadros. Ele era um grande homem e artista, mas na maior parte do tempo estava um caco. Mais de uma vez caminhei com Kurt Seligman e o ouvi reclamar com raiva sobre seus problemas financeiros e sobre as profundezas trágicas para onde sua vida fora levada. Ele estava péssimo.

Esses homens eram como sacerdotes que dedicavam sua vida para servir o único deus que conheciam e veneravam, a arte. A recompensa era produzir trabalhos incríveis que, na época em que eu os conheci, não eram valorizados nem notados. O preço que pagavam para produzir essas obras era excessivamente alto: eles sacrificavam qualquer oportunidade de serem felizes e amados. Sem dúvida, a angústia que sentiam fazia parte do que alimentava sua arte. Mas a intensidade da paixão, da dor e da pobreza deles me aterrorizava. Ao observá-los tão intimamente, eu era obrigado a responder à pergunta mais importante que cercava todo artista jovem: estou disposto a dar tudo o que tenho e tudo o que sou a serviço da arte, sem garantia de recompensa nem reconhecimento? Para mim, a questão se complicava mais pelo fato de eu ter um temperamento muito parecido com o deles. A minha sanidade, no estado em que se encontrava, estava por um fio. E, como eles, eu era perturbado por demônios. Vejam de onde eu vim! Se eu fosse sugado pelo longo e obscuro corredor da arte, assim como eles, seria tão deprimido quanto eles. Para piorar a situação, eles ainda eram duros.

Não, eu disse a mim mesmo. Preciso me segurar aos poucos parafusos que ainda me restam. Também preciso de um salário que seja mais seguro e confiável. Não posso viver como eles — duro e desesperadamente infeliz. Passara a infância inteira assim e precisava fugir de tudo isso.

No meu segundo ano, voltei para a Hunter College porque me disseram que um diploma da Hunter era mais bem-visto numa entrevista de trabalho do que um da Brooklyn. Antes de eu ir embora, Mark Rothko me deu cinco desenhos originais feitos com pena e nanquim. Era um presente de coração, e eu fiquei muito feliz. Embrulhei os desenhos com cuidado e os deixei no meu quarto em casa para não perder.

É claro que, anos depois, Rothko foi reconhecido pelo mundo todo. Suas obras foram vendidas por fortunas. Aliás, uma das grandes obras de Rothko, *Homage to Matisse* (Homenagem a Matisse), foi vendida por 2,2 milhões de dólares — um preço inédito para a época em relação a qualquer quadro pós-guerra vendido nos Estados Unidos.

Alguns anos depois de Rothko ter me dado os desenhos, fui procurá-los no meu quarto. Não estavam lá. Enlouquecido, fui perguntar a minha mãe sobre as obras perdidas.

— Ah — disse ela —, joguei fora junto com aquelas porcarias de arte que ficavam no seu quarto.

Já que ela nunca fora capaz de compreender o valor emocional de um quadro, expliquei minha perda em termos que achei que ela entenderia.

— Aqueles desenhos valiam mais de cinquenta mil dólares, mãe — disse eu.

— Como você é mentiroso — revidou ela. — Não valiam nada. Eram só as *mishegas* de alguém.

Fiquei furioso, mas sabia que não podia fazer nada. Minha mãe só se importava com o ponto de vista dela. No meu quarto, eu me entupi de chocolate. Milton Hershey* era o meu santo padroeiro.

Eu me formei na Hunter com honras, com bacharelado em Belas-Artes, Artes Aplicadas e Design. Meu primeiro trabalho foi como designer e decorador de displays na pretensiosa W. & J. Sloane na Quinta Avenida, em Manhattan. A Sloane era uma loja de móveis refinados, estritamente para os abastados. Quem sabia o que eram móveis refinados? Eu não. Além disso, eu nunca havia imaginado que meu portfólio poderia com-

---

* Milton Hershey criou a famosa marca de chocolate Hershey's em 1903. (*N. da T.*)

petir com o dos alunos da Pratt. Fiquei chocado quando Walter Bahno, o diretor do departamento de displays da Sloane, me ofereceu um emprego.

No meu tempo livre, pintava murais em alguns dos apartamentos mais caros de Manhattan. Meus quadros também eram expostos e vendidos em galerias. Minha vida finalmente havia começado. Eu estava ganhando bem. E, o mais importante, eu estava livre e pronto para descobrir e expressar tudo o que eu era.

Ainda assim, a obrigação inexplicável que eu sentia perante meus pais poderia passar por cima do meu desejo de me libertar. A maldição dos Teichberg era uma força poderosa. Ou talvez eu tivesse inalado vapores de piche demais.

※ ※ ※

Tudo começou de maneira inocente. No verão de 1955, enquanto eu ainda estava na faculdade, meus pais finalmente resolveram passar as férias em Catskills. Ficamos na Pauline's Rooming House, em White Lake, Nova York, em um sótão abafado e mofado. Meus pais, minhas irmãs e eu adoramos. Era como chegar ao paraíso, algo que, é claro, fez minha mãe ter ideias. Naquela pensão apertada, enquanto olhava furtivamente os vinte quartos de Pauline — todos alugados —, minha mãe silenciosamente fez as contas e viu o futuro. "*Isso* sim é negócio", disse ela. "Se comprarmos uma casa aqui e nos livrarmos da loja de ferramentas, poderemos ganhar uma fortuna e viver assim o tempo todo!"

Meu pai parecia tanto ter voltado à vida que gostou da ideia. Levado pelo momento, até eu estava animado. Na mesma rua havia uma pensão vitoriana antiga e dilapidada à venda. O lugar estava caindo aos pedaços, mas minha mãe se referia a ele como *beshert* ("destino" — um sinal de "adivinha quem"). Se ela tivesse dado a volta no quarteirão, teria descoberto que praticamente toda a cidade estava à venda, e a maioria dos imóveis por uma pechincha. Mas, infelizmente, ela não deu a volta e, afinal de contas, um sinal é um sinal. Ela vendeu a loja de ferramentas e utensílios domésticos, comprou a pensão e transformou os cinco quartos da casa em oito. Depois disso, a família se mudou para White Lake e esperou a alta temporada começar.

No primeiro verão, o lugar ficou lotado todas as noites. Ficamos em êxtase. Os Teichberg encontraram ouro. Logo o dinheiro ia começar a dar em árvores, imaginamos. Foi nesse momento que o demônio capitalista de mamãe começou a sussurrar no ouvido dela de novo: por que não comprar a casa ao lado e transformar as propriedades em um hotel? Logo tínhamos mais 12 quartos e um prédio sendo construído. Meus pais, é claro, não faziam ideia do que era um hotel. Eles não tinham um planejamento comercial. Simplesmente sabiam como comprar e construir — enquanto todos os donos de outros estabelecimentos queriam vender suas propriedades e fugir. Na temporada seguinte, eles haviam comprado uma colônia de bangalôs com um cassino e expandiram o hotel em mais de 20 quartos e inúmeros chalés.

Como qualquer bom empreendedor, você pode crescer muito rápido e ir longe demais. Existe uma linha que não pode ser ultrapassada, e meus pais estavam uns 350 quilômetros além dela. De repente, não havia mais turistas o suficiente em White Lake para ocupar todos os quartos que eles haviam comprado e construído. O fluxo de dinheiro foi reduzido a pequenas gotas. Era cada vez mais difícil pagar a hipoteca, assim como a maioria das outras contas. O lugar começou a afundar cada vez mais em dívidas. Para piorar as coisas, meus pais não tinham desenvoltura social para atrair os turistas que ainda *vinham* a White Lake.

Meu pai era o telefonista do hotel. Era assim que ele geralmente atendia o telefone: "Alô. O que é isso? Por que está ligando? O que você quer? Se tiver filhos, não venha para cá. Não alugamos para crianças. Elas estragam os colchões e fazem barulho. Se você tem filhos, nós não temos vaga!"

Nessa época, eu já me formara e estava trabalhando em Manhattan. Minha vida havia sido lançada e as estrelas eram o limite, pelo que eu entendia. Enquanto minha fortuna crescia, a dos meus pais só diminuía. Quando ficou claro que eles iam perder tudo — as economias, o único meio de renda e os vestígios de sanidade que ainda possuíam —, pediram para eu gerenciar o hotel.

Em retrospecto, consigo ver o momento com muita clareza, a manipulação pouco sutil que me arrastou para o pesadelo deles: os ombros baixos e arrependidos do meu pai, a cabeça abaixada, pedindo ajuda; minha mãe, que de repente se dera conta e estava grata pelos meus instintos de gerenciamento de hotéis (quem diria que eu tinha esse dom?). E então foram ditas aquelas poucas palavras mágicas que ativavam minha programação subliminar — a culpa que mamãe levou anos para cultivar para momentos como este:

— *Oy*, o que vai ser de nós se você não ajudar, Eliyahu? Aonde iríamos?

Porém, não foi só a culpa que me atormentou. Finalmente, eu tinha uma oportunidade de provar meu valor aos olhos de meus pais. Finalmente, eu teria as duas coisas que esperei a vida inteira — o amor e o reconhecimento deles. Durante anos, mesmo quando eu tentava estabelecer uma vida independente fazendo o que amava, eu ansiava pelo reconhecimento deles. Essa era minha chance de conquistá-lo.

— Está bem — eu disse. Fizemos uma negociação. Eu ficaria na cidade de Nova York durante a semana e continuaria pintando, e nos fins de semana eu iria a White Lake e gerenciaria o hotel. Em algum lugar, Moisés estava se escangalhando de rir.

Quando contei meus planos à minha irmã Goldie, ela ficou horrorizada. "Fique longe deles, Elliot", ela me avisou. "Não faça isso. Não jogue sua vida fora com eles e com o hotel idiota. Salve-se agora. Aquele hotel nunca vai dar certo."

É claro que as palavras dela acabaram sendo proféticas, mas eu estava cego demais para ver o óbvio. Além disso, ainda adorava o cheiro de piche fresco.

3

Minha "outra" vida

Eu ficava nas sombras perto do bar, encostado na máquina de cigarro, fumando freneticamente e, de vez em quando, dando uns tapinhas nos baseados que pretendentes famintos ofereciam. Todos os três andares do The Mine Shaft, uma boate de sexo que ficava na Little Twelfth Street, no Greenwich Village, estavam lotados naquela noite. Eu, no entanto, estava fixado em um único par de olhos — agressivos, ameaçadores e sedentos para fazer uma vítima — que, por sua vez, se voltava o tempo todo para mim. Meu objeto de desejo era alto, magro e estava vestindo couro preto colado ao corpo dos pés à cabeça.

Ele trazia consigo algemas e chicote, pendurados na lateral da roupa, e o capuz de couro estava caído sobre o ombro. Meu traje era parecido, mas eu estava longe de estar seguro, de aparentar igual confiança. Na minha cabeça, eu era gordo e feio. Fotos minhas da época revelam uma história bastante diferente, mas é a versão que existe em nossa mente que realmente conta. Eu achava que não possuía atributos suficientes para conquistar alguém com olhos tão lindos — mesmo sendo meio amedrontadores — como aqueles que me devoravam na boate.

Como um leão que, de repente, despertou da inércia pronto para jantar, meu predador vagarosamente se aproximou de mim. Lançou-me um olhar ameaçador e malevolente, depois me deu um soco muito bem dado no estômago. Foi amor ao primeiro golpe. Então, ele deu início ao ritual de conquista me levando para o meio da pista, onde fez de mim objeto de preliminares para uns cem homens, todos vestidos com uniforme da polícia; havia, inclusive, um oficial nazista.

Quando criança, a única atenção que eu recebia vinha na forma de rejeição. De repente, havia dezenas de homens me querendo. Esse era o grande lance dos bares gays de Nova York: todo mundo queria todo mundo, até mesmo a mim. De diversas maneiras, eu era o estereótipo do homem gay, ou chegava perto disso. Após serem oprimidos por cada parcela da sociedade, fora a nossa, os homens gays liberavam seus desejos sexuais reprimidos e a necessidade desesperadora por aceitação nos bares e saunas de Nova York. Aquilo que escondíamos de nossas famílias e colegas de trabalho explodia e se revelava em lugares como The Mine Shaft. Eu me achava mais feio e mais repulsivo que a maioria, então qualquer forma de aceitação se tornava um afrodisíaco instantâneo. Aquela situação específica — estar rodeado por dezenas de homens me acariciando, me apalpando, me agarrando e me beliscando no meio de um local grande e mal iluminado — foi a realização de um dos meus melhores sonhos eróticos.

Quando o leão cansou de ser espectador, partiu em minha direção, me tirou da rodinha de homens e declamou doces palavras líricas: "Vá se limpar, seu judeu de merda. Você está com cheiro de latrina." Eu praticamente desfaleci. Já no lado de fora, pegamos um táxi, e ele me levou para sua "casa", um loft enorme no SoHo.

Eu já estava completamente submisso, fruto de muita maconha e pílulas de THC, mas a visão do apartamento me fez voltar da minha onda. Em uma das paredes, havia uma enorme bandeira nazista, talvez de uns 10 m de largura por uns 6 de altura. Todos os cantos exibiam facas grandes e sabres. Eu preferia o meu rito de jogo sexual, que se apresentava sob a forma de sadomasoquismo. Eram essenciais umas boas palmadas, socos e chutes, mas facadas e sangue de verdade eram brochantes. Mas algo me dizia que meu novo amigo não compartilhava dos mesmos limites.

— Sabe... Não estou me sentindo muito bem, chefe — eu disse. — Quero ir embora.

— Você não vai a lugar nenhum — retrucou ele e, na mesma hora, me algemou. Depois, cobriu minha cabeça com um capuz e me prendeu à cama. Fiquei excitado e amedrontado ao mesmo tempo, o que tornou o sexo muito emocionante. Ficamos assim a noite toda e boa parte do dia seguinte, até que as drogas e a exaustão finalmente nos consumiram.

Após dormir e me recuperar da letargia induzida por drogas e sexo, eu me levantei da cama e dei uma olhada no lugar. Se, na noite anterior, eu não tivesse ficado cego de tanta droga, desejo e medo — particularmente de suásticas —, talvez tivesse reparado que as paredes eram cobertas por fotografias em preto e branco, das mais incríveis que eu já havia visto em toda a minha vida. Com toda certeza, não eram imagens típicas. Eram homens e mulheres capturados em poses eróticas fascinantes, muitas abertamente sadomasoquistas e a maioria muito próxima de cruzar a fronteira. Reconheci um sujeito naquela galeria de rostos: a cantora e compositora do Greenwich Village, que, posteriormente, se tornou ícone punk-rock, Patti Smith.

Havia diversos retratos do hostil anfitrião pendurados nas paredes. Também havia pendurados alguns pôsteres emoldurados, anteriormente exibidos em exposições de fotografia. Na parte inferior dos pôsteres, havia o seguinte nome: Robert Mapplethorpe. Eu não sabia nada de fotografia, e o nome não significou nada.

Minha "outra" vida

— O que você faz, chefe?
— Sou fotógrafo.
— Então... Você é o Robert — disse eu.
— Pois é — retrucou ele e depois abriu uma porta de correr que dava em outro cômodo, revelando 15 metros de caixas de madeiras repletas de fotografias. Examinei o material e fiquei boquiaberto. Não restavam dúvidas, Robert Mapplethorpe era uma espécie de gênio. A beleza incrível e o estilo de fazer pirar qualquer um tomaram conta de mim. Havia muitas fotos de flores em pequenos vasos sob uma luz delicada, tenra e reveladora. Já a maioria das pessoas retratadas estava nua. E cada fotografia parecia revelar a alma da pessoa — forte, blindada, aguerrida; completamente exposta, vulnerável e amedrontada. Muitas fotografias revelavam homens em atos sexuais; eram inegavelmente revolucionárias e libertárias. Reproduziam o sexo homossexual e cotidiano, que era renegado pela sociedade, assim como os próprios gays eram renegados. Mapplethorpe pegou o sexo homossexual — levando junto a vida dos gays —, tirou-o do armário e o escancarou para o mundo. Cada fotografia era uma declaração de irrefutável coragem; era uma constante rejeição contra ser marginalizado e renegado. Estava claro que Robert era o tipo de artista que abalava o mundo, alterava percepções e desafiava crenças antigas com uma única fotografia.

Finalmente, ele interrompeu meu sonho e disse:
— Quero fazer uma foto sua.
— Quer? Por quê? — indaguei.

— Quero você num uniforme da Gestapo.

— Acho que não vai dar, chefe — falei.

— Vai dar, sim — ele disse, com a voz ríspida.

Não formávamos aquilo a que chamamos de belo casal.

— Quem sabe você não quer passar um fim de semana comigo em White Lake... — propus.

— Não sei onde fica White Lake — ele disse em voz baixa, num tom de rejeição completa.

— Fica no interior do estado, ao norte. Duas horas de viagem pela rodovia estadual de Nova York. Temos um hotel lá. Nada de mais, mas é bastante reservado.

— Você não está me entendendo — disse ele. — Tenho outros planos, e não faz parte deles virar seu amiguinho. Não quero saber nada do seu hotel de merda nem da sua vida. Você nem faz meu tipo. — Foi assim que começou e terminou nossa dança.

Meses depois, vi umas matérias sobre ele no *The Village Voice* e no *SoHo News*. Ele estava brigando contra a censura de suas fotos. Então passei numa galeria no centro da cidade que estava expondo seu trabalho. Quando ele me viu entrar, me olhou como se nunca tivesse me visto na vida.

Isso resume muito bem minha vida sexual. As pessoas com quem eu transava sempre fingiam não me conhecer quando me viam à luz do dia. Foi assim desde criança.

Aos 11 anos, passei a fugir de casa durante o dia — às vezes, à noite também — para ir ao cinema. Eu pegava o metrô do Brooklyn até Times Square, em Manhattan, onde havia inúmeros cinemas 24 horas. Eu era alto para a minha idade e aparentava ter 16 anos. Além do mais, ninguém estava nem aí. Eu pedia um ingresso, pagava por ele e entrava na sala para ver o filme que queria: com Laurel e Hardy, Abbott e Costello, os irmãos Marx, Betty Grable e Carmem Miranda.

Nos anos 1940 e 1950, os cinemas da Times Square eram teatros grandes e adornados, que haviam sido anteriormente usados para a apresentação de peças. Esses cinemas tinham balcões enormes, ou mezaninos, onde cabiam sentadas algumas centenas de pessoas. Nas paredes, na metade do caminho entre o chão e o teto, havia camarotes bastante requintados. As paredes e os balcões tinham detalhes em folha de ouro, cabeças de leão e outros tipos de ornamentação. A tela prateada era enorme: um paredão branco, duas ou três vezes maior do que as telas de cinema de hoje. Cada ingresso valia por duas exibições, além do noticiário e desenhos animados. Era possível passar boa parte do dia ou da noite assistindo a filmes e desenhos.

Certa noite, um menino do meu bairro chamado Frank e só dois anos mais velho do que eu sentou-se ao meu lado. Ele me ignorou e ficou olhando fixamente para a tela. Ignorei a situação e continuei assistindo ao filme. Logo depois, comecei a me dar conta de que o ombro de Frank estava próximo ao meu e que ele estava esfregando sua perna na minha. Continuei ignorando o avanço até ver que ele colocara a mão entre as minhas pernas. Depois tirou a mão e aparentou estar momentaneamente preocupado com alguma coisa. De repente, Frank se virou para mim e apontou o canivete na minha cara.

— Elli, fica sentado de boca calada — ele sussurrou.

Eu congelei. Ele guardou o canivete, voltou a olhar para a tela e colocou a mão na minha virilha. Depois abriu minha calça e começou a me tocar. Fiquei ali sentado, apavorado. O que estava acontecendo? O que eu deveria fazer? Eu conhecia aquele menino; ele era do meu bairro. Se eu saísse correndo, ele ia me dar uma surra quando me encontrasse de novo. Mas não demorou para que o medo se mesclasse a um prazer misterioso que eu não entendia. Meu desenvolvimento foi lento e eu não sabia nada de sexo. Eu nunca havia me masturbado, mas Frank estava me masturbando naquele momento e eu estava correspondendo. Logo, logo cheguei ao clímax, e Frank se levantou e foi embora sem nem me olhar. A parte da frente da minha calça ficou meio molhada, mas eu não sabia por quê. A primeira coisa que me veio à mente foi estar sangrando. Fiquei apavorado. Devo ter ficado mais de uma hora ali sentado totalmente perplexo e confuso, sem saber o que fazer. Finalmente, o lanterninha apareceu e iluminou meu rosto. Escutei a voz de meu pai vindo detrás dele.

— O que você está fazendo aqui, Elli? A sua mãe... Ela está *meshugge* de preocupação. "Cadê o meu filho?" Ela não parava de perguntar.

Ele me levou para casa, me deu uma surra de cinto e me mandou pra cama. No quarto, tirei a roupa e descobri que não tinha sangue nenhum nas minhas calças. Suspirei aliviado e fui para o porão às escondidas. Lá em casa, havia um aquecedor a carvão bastante antigo, desses que têm uma portinhola na frente. Abri a porta e joguei minha calça e minha cueca no fogo. Aí voltei com todo cuidado, tomei um banho e fui dormir.

Alguns dias depois, um colega da escola perguntou à professora de Ciências o que era masturbação. Ela se recusou a responder, o que, na mesma hora, me fez pensar que era uma palavra importante. Naquele dia, assim que cheguei em casa, procurei a palavra do dicionário. Pensei comigo: *Então é isso. Foi isso que Frank fez comigo. Está bem. Entendi. Aqui está dizendo que não há efeitos colaterais. Nem risco à vida. Que notícia boa!*

Então passei a ter outro motivo para ir ao cinema, e nada me deteria, nem mesmo a ameaça de um cinto.

Na verdade, Frank abriu meus olhos para uma coisa que já estava se passando sem que eu percebesse. Os cinemas de Times Square eram casas de sexo. Garotos e garotos, garotos e homens, garotas e garotos, e mulheres e homens transavam por todo o local. O balcão era o lugar preferido porque dava para se esconder na escuridão. "Então cinema é aonde vamos para transar", foi a conclusão a que cheguei. Essa revelação me encheu de uma excitação intensa e estranha. Enquanto Bud Abbott batia em Lou Costello na telona, os clientes do local estavam trocando tapas felizes da vida pelos corredores.

Na ocasião seguinte, eu me sentei, afundei no assento e esperei alguém chegar. Não demorou nada. Surgiu um homem usando um sobretudo. Ele tirou o casaco, sentou-se ao meu lado e colocou a vestimenta sobre as pernas, primeiro sobre as dele, depois sobre as minhas. Aí ele passou a mão por debaixo e começou a me tocar. Revelação número dois: havia um monte de casacos desse estilo pelo cinema. Homens tocavam meninos e meninas, e faziam todo tipo de atos sexuais, tudo sob os casacos. O mundo se abriu para mim; eu me senti feito criança em loja de doce. Eu queria ter acesso a tudo que podia. Pela primeira vez na vida, eu me senti desejado.

O primeiro casaco e eu passamos a nos encontrar regularmente. Toda sexta-feira às 19h30 eu batia ponto no cinema e me sentava no lugar de costume. Logo depois, ele se sentava no lugar ao lado, sem nem me olhar, jogava o casaco sobre o meu colo e dava início à prática regular. Essa história rolou por alguns meses. Mas, certa noite, um homem negro lutou pelo assento e passou a me acariciar. O homem de sempre chegara atrasado e, em vez de recuar, começou a brigar com o negro. Os dois se engalfinharam corredor afora, mas, quando meu "velho conhecido" tirou um canivete do bolso, pôs o negro pra correr.

Nossa! Que emocionante! Eu mal podia imaginar dois homens me querendo, muito menos lutando por mim. Nunca havia recebido tanta atenção assim na vida. E ainda tinha as carícias. Eu era tocado com a intenção de ter prazer. Não sei se a intenção dos outros era realmente essa, mas eu sentia muito prazer. A minha vida, até aquele ponto, havia sido uma experiência exatamente oposta. Em casa, sempre que me tocavam, isso vinha associado à dor. Porém, depois aprendi que até dor pode gerar prazer.

Mais tarde, na adolescência, parti para outros cinemas. Certa noite, no Rialto, também na Forty-Second Street, um homem alto num terno muito elegante — alguém que mamãe definiria como um "cavalheiro encantador" — se sentou ao meu lado. Ele abriu minha calça e começou a dar socos no meu pênis até ele ficar duro. Depois começou a me arranhar com as unhas até eu sentir que havia sangue na minha virilha. Fiquei calado o tempo todo, mas completamente consciente de que a dor aumentava o meu prazer. Esse homem também se tornou um encontro regular. Eu aparecia no Rialto à meia-noite e ficava à espera do homem elegante de terno. Às vezes, algumas pessoas ficavam olhando o que ele fazia comigo, o que tornava a experiência ainda mais excitante.

Quando o meu "cavalheiro" ia embora, eu permanecia sentado, tremendo e tentando me recompor. Eu era incapaz de entender o que era aquilo. Era instinto e espontaneidade puros. E, então, deu-se início a um novo tipo de exploração sexual: a busca nos cinemas passou a ser por pedófilos sádicos. Era meu mundinho secreto, e esses eram meus prazeres secretos. Se eu tivesse parado para pensar sobre isso, diria que minhas aventuras pelos cinemas eram uma compensação por toda raiva, dor e miséria por que tive de passar em casa e no Yeshivá.

Não demorou muito para eu começar a pedir por sexo mais pesado. Quando um sobretudo se sentava ao meu lado, eu abria o cinto e prendia meus pulsos com ele. Meu pretendente entendia o recado imediatamente e tirava vantagem da situação.

Como eu já havia aprendido, meu comportamento não era nada incomum. Existia uma completa cultura sado nos cinemas. Certa noite, um homem vestido de caubói aproximou-se de mim. Depois de um round inicial de preliminares, ele tirou uma corda do bolso, começou a amarrar minha genitália e depois queimou meu braço com um isqueiro. Era normal as pessoas aparecerem com algemas, isqueiros e até mesmo facas.

Às vezes, a situação ficava perigosa. Certa noite, num cinema praticamente vazio, um homem de uniforme militar me amarrou e ameaçou me matar. Nunca senti tanto medo. Tive certeza de que não sairia vivo daquele lugar, mas ele ficou entediado quando fingi estar bêbado, chapado e incapaz de reagir a ele. Em outra ocasião, um adolescente ficou observando um homem mais velho a me masturbar. Depois de terminado, o garoto se sentou ao meu lado, exigiu todo o meu dinheiro e me ameaçou com um canivete. Entreguei a carteira, que só tinha uma nota de 1 dólar. Ele não podia imaginar que eu guardava o dinheiro na meia. A gente aprende o que precisa aprender.

Pois é, às vezes eu ficava com medo, mas, para um moleque desesperado para ter prazer físico, os perigos parecem ser pequenos e evitáveis. Agora, ao relembrar essa época de minha vida, posso ver que eu era um ser completamente sozinho e faminto por qualquer tipo de contato físico.

Como todo mundo, aprendi o que era amor em casa. E minha experiência de "amor" foi, na verdade, de manipulação e violência. Os dois vinham cobertos por uma camada doce com a pretensão de ser família e carinho. Na minha família, ninguém usava a palavra amor para se referir uns aos outros. Nós "amávamos" chocolate e o aparelho de televisão. Porém, nunca falamos que nos amávamos. Com certeza, não fomos tratados com amor de verdade. Minhas primeiras experiências sexuais não foram muito diferentes. Os prazeres da excitação, do toque e do orgasmo eram muito reais, mas vinham de estranhos através de várias formas de abuso. No entanto, como eu desconhecia o amor, não sabia o que esperar do sexo. Meus pais nunca conversaram comigo sobre qualquer desses assuntos. No fim das contas, minha experiência sexual foi quase tão abusiva quanto o amor sempre o fora.

Então, eu, Elliot Tiber, fui levado a transar com homens, mas a ficha não caiu de imediato. Ignorei o fato. Só muito depois, quando realmente transei com alguém de quem eu gostava, minha natureza genuína se revelou.

※ ※ ※

Eram férias de verão, época em que eu completaria 16 anos, logo antes de entrar para a faculdade. Um dia, resolvi ir a Riis Beach, um pouco mais acima de Coney Island. Eu estava de calção e estendi a toalha na areia para tomar sol. De repente, uma pessoa estendeu a toalha perto da minha e se deitou ao meu lado. Olhei e reparei que era um jovem bonito, da minha idade, mas desviei o olhar rapidamente para que ele não percebesse. Pouco depois, ele colocou a mão sobre a minha, e entrelaçamos os dedos. Olhei surpreso para meu vizinho e sorri. Ele sorriu para mim e disse que se chamava Barry.

— Eu me chamo Elliot — falei. — Meus amigos me chamam de Elli.

A primeira coisa que me veio à mente, como sempre, foi: *Como é possível que um cara tão lindo assim se interesse por mim?* Mas ele se interessava por mim, sim. Passamos horas conversando sobre cinema e estudos. Ele ficou fazendo carinho na minha mão por debaixo da areia. Tudo era novo e emocionante — o primeiro amor. Eu acabei convidando-o para ir a minha casa. Meus pais e minhas irmãs tinham viajado; eu sabia que a casa era toda minha. Como nunca havia levado um menino à minha casa, senti uma empolgação quase insuportável.

Ao fechar a porta de casa, senti uma onda de vergonha imediata. Os móveis haviam sido fornecidos pelo Exército da Salvação; tudo aquilo que nem as obras de caridade queriam, nós comprávamos por uma mixaria. E era visível. O único cômodo com móveis que combinavam era o quarto de minha irmã Goldie, para onde, naturalmente, levei Barry.

Ele foi o primeiro homem que eu beijei. Aliás, foi o primeiro homem com quem vivenciei aquilo que pode ser chamado de "fazer amor". Nós nos beijamos, transamos e realmente conversamos sobre a vida. Eu lhe contei que estava prestes a me tornar aluno de Artes da Hunter College, mas queria mesmo era estudar na Brooklyn. Ele estava de mudança para o interior do estado de Nova York, onde faria faculdade. Parecia viável a possibilidade de ficarmos amigos e nos revermos. Só isso já era uma experiência completamente inédita para mim: transar com alguém que eu pudesse olhar e com quem conversasse.

Passamos o resto do dia e da noite conversando e transando. Barry ficou o tempo todo usando a palavra "gay" nas conversas, ainda mais para se referir a si próprio. Eu nunca havia usado tal palavra. Apesar de ter experiências sexuais exclusivamente com homens, eu nunca me rotulara de homossexual, em parte porque nunca havia me relacionado com outro ser humano durante o sexo. Além disso, sexo era algo que eu guardava escondido, até mesmo de mim. Rolava no escuro do cinema com desconhecidos. E, na maioria dos casos, eu não queria qualquer tipo de envolvimento com aquelas pessoas.

Por outro lado, Barry só conseguia se enxergar como homossexual. Vivia à vontade com a própria sexualidade. Além do mais, estava buscando um relacionamento. Para ele, sexo e relacionamento eram uma coisa só. Foi então que tive consciência dessa ligação. Ele me fez enxergar minha necessidade de relacionamento, principalmente com um homossexual. Tudo isso me ajudou a aceitar minha outra grande revelação: *Sou gay*.

Não poderia ter sido mais óbvio, mas, até aquele momento, havia sido um fato desconhecido sobre minha condição de ser humano. Além de ter percebido algo fundamental sobre mim — algo que sempre existiu —, isso tinha nome. Homossexual. Gay. Foi como se uma porta gigantesca da minha casa, cuja existência sempre ignorei, se escancarasse e revelasse um cômodo completamente novo, que eu suspeitava estar ali, mas sobre o qual nunca parei para pensar.

Na verdade, não mudou muita coisa. Eu continuava sendo eu. Mas, relembrando a época, vejo que talvez a vida tenha se revelado com um novo brilho, com um novo prazer que surgiu ao descobrir que eu não estava completamente sozinho.

Na manhã seguinte, quando acordamos, Barry disse:
— Vamos ligar para o Harvey, meu amigo, para ele vir aqui. Ele é dramaturgo. Você vai gostar dele.

Quando Harvey chegou, Barry estava tomando banho, então eu o levei para a sala e nos sentamos no sofá. Estávamos nos conhecendo, mas Harvey estendeu os braços, me envolveu e me deu um beijo de língua. Depois se aproximou ainda mais, nos abraçamos e partimos para um beijo ainda mais ardente. Era a segunda pessoa a me beijar em dois dias. E isso me deixou quase em estado de choque. Dois homens bonitos me acharam atraente e quiseram me beijar. Apesar de uma parte de mim não estar acreditando, não dava para negar o enorme prazer que senti por ser desejado.

Infelizmente, Barry escolheu esse momento para descer as escadas. Ao chegar à sala, ele nos flagrou no meio do beijo. Rodou a baiana, se vestiu e foi embora furioso. Nunca mais ouvi falar dele, mas ele não teve culpa. Tentei contatá-lo para me explicar, mas ele nunca retornou as ligações. Harvey e eu nos encontramos por um mês, depois cada um seguiu seu caminho.

Quando entrei para a faculdade, minha sexualidade ficou ainda mais clara para mim, mesmo fazendo o melhor possível para escondê-la das pessoas. No meu primeiro ano, fiz parte de uma fraternidade e fingia ser hétero, como o restante do pessoal. Numa de nossas festas, uma ruiva — bêbada e chapada — cismou comigo e me levou para um dos quartos, onde todos os casacos estavam em cima da cama. Ela me despiu e insistiu para transar comigo. Eu lhe fiz esse favor — mais para não deixar minha máscara cair —, e até que foi bom. De repente, a porta se abriu, e quase todos os meus irmãos da fraternidade entraram no quarto gritando meu nome enquanto eu transava com a garota. Tivemos nosso momento de fama, mas foi uma experiência repugnante.

Aos 19 anos, um amigo me falou de um bar gay barra-pesada, onde todo mundo usava jaqueta de couro, que ficava na Third Avenue.

— Você quer ir lá? — meu amigo perguntou.

— Claro — respondi.

Chegamos ao bar vestindo jaqueta e calças de algodão e sapato normal. Parecíamos dois adolescentes num puteiro. Não demorou nada para um tipo motoqueiro, forte e musculoso, vir em minha direção. Ele me olhou de cima a baixo, fez cara feia e me deu um soco forte no ombro.

— Sua bichinha, esteja aqui sábado que vem. E é melhor vir de jaqueta de couro e bota. — Nem foi necessário dizer duas vezes.

Fui a uma loja de artigos militares e comprei uma jaqueta e um par de botas. Quando meu amigo descobriu que eu tinha comprado as peças que serviam de pré-requisito, ele disse:

— Você não vai voltar lá, não, né?
— Mas é claro que eu vou — respondi.
— Você é louco — ele disse.
— Marlon Brando usa jaqueta de couro. Por que eu não posso usar também?

No sábado seguinte, apareci no bar na Third Avenue fazendo estilo durão, igual a todo mundo. O mesmo motoqueiro alto veio até mim, me olhou de cima a baixo, me deu outro soco e depois me beijou. Passamos três dias na casa dele fazendo um sexo sadomasoquista muito emocionante. E, como aconteceu com todos os outros que vieram antes e depois, nunca mais voltei a vê-lo.

Depois de minha formatura, arrumei um apartamento no Greenwich Village e comecei a trabalhar para a W. & J. Sloane como decorador de interiores. Eu também trabalhava como freelancer para clientes fixos e abastados. Minha carreira estava em rápida ascensão, e não demorou muito para eu estar integrado aos ricos e famosos de Nova York. Dentre meus amigos da época, estava Alvin Epstein, famoso ator da Broadway e da televisão. Parecia que Alvin conhecia todo o mundo das artes e de Hollywood; ele sempre era convidado para as melhores festas.

Certa noite, nos encontramos para beber no bar San Remo, no Greenwich Village. Era um lugar popular entre os gays e uma ou outra celebridade. Nem havíamos terminado a primeira bebida quando vi Marlon Brando e Wally Cox sentados a uma mesa próxima. Cutuquei Alvin e disse:

— É quem eu estou pensando?

Alvin se virou e abriu um sorriso. Então se levantou e se dirigiu aos dois homens. Alvin, Brando e Cox se cumprimentaram calorosamente e se abraçaram. Fiquei na nossa mesa, mas Brando e Cox insistiram para que todo mundo se sentasse junto.

Brando exalava sexualidade. Não importava se você era gay ou hétero; era impossível pensar no homem sem imaginá-lo na cama. Brando e Cox já estavam ali bebendo há um bom tempo e estavam bastante soltinhos.

Brando olhou para mim e disse:

— Moleque, o que é que você está olhando?

Fiquei todo agitado e respondi:

— É ele mesmo, o Mr. Peepers? — Wally Cox (que posteriormente estrelou vários programas de televisão de muito sucesso, incluindo *The Hollywood Squares*) atingiu o estrelato com o personagem que dava nome a um programa da década de 1950, *Mister Peepers*.

Cox se virou para mim e disse:

— Não, sou o Orson Welles.

Brando riu e disse:

— Não! Ele é a Rita Hayworth.

Aproveitei e disse a Brando que as pessoas na rua sempre me perguntavam se éramos irmãos gêmeos. Todo mundo caiu na gargalhada, e a diversão começou.

— De onde você é, meu chapa? — Brando me perguntou.

— Eu? Eu sou de Bensonhurst, no Brooklyn. Não fica muito longe de Coney Island.

— Você não está muito longe de casa? — ele me perguntou. — Não sabia que este bar está cheio de veado?

— Shhhh — disse eu. — Não fala alto. Em Bensonhurst não tem veado.

Todo mundo morreu de rir.

— Mas é claro que você sabe! — Cox falou. — Eles estão por todos os lados. Até em Coney Island. O que seus pais diriam se soubessem que você está tomando uma cerveja com um bando de veados? Garçom, traz mais uma cerveja aqui para o rapaz do Brooklyn.

— Não acredito que estou tomando cerveja com o Mr. Peepers e com o Stanley Kowalski — eu disse a Brando e Cox.

Brando retrucou:

— Não! Eu não sou ele, não. Sou a Eva Marie Saint.

— Estou juntando dinheiro para comprar uma jaqueta de couro de motoqueiro — eu disse a Brando. Depois, com um sussurro conspirador e baixo, perguntei aos dois: — E então... Vocês dois são, é... Homossexuais?

— Corta essa — disse Cox. — Só estamos aqui para ver umas bichas. Mas nós? De jeito nenhum. Por acaso, você é?

Brando interrompeu:

— Ele é do Brooklyn, lembra? Lá não tem dessas coisas.

E todo mundo caiu na gargalhada mais uma vez.

— Não sei o que dizer — falei para os dois. — Vocês estão aqui junto de pessoas comuns. — Gesticulei me referindo a Brando e disse: — Você ganhou um Oscar por berrar feito doido.

Brando sorriu e disse:

— Vou te contar uma coisa, rapaz. Me dá um abraço, mas um abraço de homem.

— Eu também quero um abraço — Cox disse. — Você não quer contar para seus pais que o Mr. Peepers e o Marlon Brando compraram cerveja para você e lhe deram um abraço?

Eu me levantei, meio perplexo, e abracei os dois.

— Vou contar uma coisa pra você — disse Brando. — Estamos indo a uma festa aqui perto. Venha conosco para nos abraçarmos o quanto quisermos.

Wally Cox se inclinou em minha direção e, como se estivesse sussurrando com malícia, disse:

— Mas já vou avisando. Talvez haja alguns homossexuais na festa.

Passei a noite com Marlon Brando, Wally Cox, Alvin Epstein e um monte de outras celebridades, muitas delas homossexuais. Foi uma das melhores noites da minha vida.

Noites assim são uma coisa rara na vida de qualquer pessoa. Há uma grande euforia que, para mim, veio seguida de depressão aguda. Eu me senti completamente sozinho ao chegar em casa aquele dia. Meus poucos amigos e parentes tinham alguém esperando por eles em casa para compartilhar suas grandes histórias. Naquele noite, fui dormir sozinho. Não havia ninguém para me ouvir contando sobre a noite que passei rindo, abraçando e me divertindo na companhia de Marlon Brando e Wally Cox. Acho até que eu poderia ter ligado para minhas irmãs, mas elas não dariam a mínima, mesmo que acreditassem na história, o que era improvável. Meus pais, com toda a certeza, não dariam a mínima.

— Bran quem? — Dava para ouvir minha mãe dizendo. — Wally Cox? Que bobeirada é essa? Agora é sério, você ganhou dinheiro hoje? A hipoteca está matando a gente.

E, então, foi mais uma longa e dolorosa noite que custou a passar para Elli. Sempre que a solidão me engolia e me mastigava com todas as suas presas, eu pensava no exemplo de vida do meu pai. E, assim, eu simplesmente dormia.

Essa era a minha vida. Durante a semana, eu trabalhava em Nova York, onde ganhava dinheiro e fazia sexo eventual com desconhecidos. Sexta-feira à noite, eu partia rumo a White Lake para salvar o negócio de meus pais.

Em White Lake, eu me passava por empresário heterossexual, o que era uma grande mentira. Em Nova

York, eu era artista e gay. E essa era a verdade. Porém, ao fingir ser as duas coisas, eu acabava não sendo nenhuma delas — pelo menos, não por completo.

Vivendo dividido entre essas duas identidades, eu era incapaz de resolver o conflito que estava encarando. Se eu escolhesse minha vida, fugiria correndo de White Lake como um homem libertado de uma prisão turca, mas deixaria meus pais desamparados. Mais uma vez, ao não escolher minha vida, eu cruzava a ponte George Washington. Mas não importava, o tempo estava passando. Toda tarde de sexta-feira, enquanto eu seguia pela autoestrada de Nova York em direção ao norte, meus amigos partiam rumo a Fire Island. Eu ficava ruminando sobre a grande bagunça que era minha vida. O alerta profético de minha irmã sempre me assombrava quando eu estava a caminho do hotel.

— Você vai desperdiçar sua juventude naquele hotel vagabundo — disse ela. — Ele nunca vai pra frente.

Foram muitas as vezes em que tive vontade de manobrar o carro e me esquecer para sempre daqueles dois malucos que tinham prazer em destruir a própria vida e a minha. Às vezes eu tinha vontade de enforcar a ambos. Porém, sempre segui rumo à saída 16, mesmo com lágrimas escorrendo pelo rosto.

4

Cavando meu próprio túmulo enquanto rio histericamente

— Você vai fazer o quê?

Meu terapeuta, Morris — um homem bastante calmo —, arrancou o cachimbo da boca e, graças a uma contração repentina de seu *gluteus maximus*, acabou dando um salto impressionante enquanto estava sentado na cadeira de couro. Eu queria dar nota 9 no quesito altura, mas, como ficou com os braços abanando, só recebeu nota 3 no quesito estilo.

Foi a reação que Morris teve ao ouvir sobre meu último golpe para atrair mais gente ao hotel.

— Instalar uma piscina? — ele perguntou, descrente. — Você está louco? O que você precisa é encontrar uma forma de dar o fora de lá! Todo ano, você se enterra cada vez mais em dívidas. Escute o que eu estou falando: você não vai ganhar um tostão sequer. Você não vai ter dinheiro nenhum quando chegar aos 65 anos e vai acabar num abrigo público, dormindo coberto por jornais. Venda aquele lugar e dê um jeito na sua vida!

Sábio conselho. E, a 50 dólares por hora, era de se pensar que eu o seguiria. Porém, eu havia sucumbido à mesma doença que contamina o típico jogador patológico, isto é, continuei achando que, se me arriscasse uma vez mais, quebraria a banca.

A piscina custava 10 mil dólares, o que era muito dinheiro em 1968. Contudo, eu havia pintado um enorme mural de jardins neogreco-romanos numa cobertura de uma baronesa na Park Avenue. Acabei descobrindo depois que ela tivera um negócio automobilístico durante o Terceiro Reich. Os peões já haviam destruído tudo quando o decorador da baronesa, Paolo di Montipulciano, recusou-se a me pagar.

Paolo alegou que meus jardins não eram autênticos, disse que não gostou da qualidade artística do mural e decidiu, assim que a pintura ficou pronta, colocar minhas tintas na rua e impedir minha entrada no apartamento. Processei os dois malandros.

Minha causa era muito mais forte do que os dois haviam imaginado. Como nunca fui de me gabar, não contei à baronesa nazista nem a seu poodle italiano de rosto todo furado que eu era professor de artes na Hunter College. Tampouco comentei que havia convidado a coordenadora do meu departamento, a dra. Edna Leutz, para dar uma olhada no meu trabalho num dia em que não havia ninguém na cobertura. A dra. Leutz gostou do trabalho e resolveu fazer algumas fotografias, as quais, posteriormente, mostrei a alguns historiadores de arte. Eles comprovaram a autenticidade dos jardins no tribunal. A dra. Leutz também testemunhou em relação à qualidade do trabalho.

— Meritíssimo — comecei. — Preciso desse dinheiro para minha mãe, que saiu de Minsk rumo a Nova York em 1914, fugindo dos cossacos que estupravam e desonravam famílias judias inteiras. — Depois eu me dei conta de que contei a história que ouvira tantas vezes talvez porque quisesse me vingar da minha mãe em público. — Se a minha mãe perder esse dinheiro — continuei —, não vou poder pagar a piscina que está sendo construída em nosso hotel. Com certeza, isso vai nos levar à falência, e a minha mãe vai acabar na rua.

Parece coisa do destino. O juiz era filho de imigrantes russos, também de Minsk. Vai entender.

— A minha mãe, que descanse em paz, provavelmente estava no mesmo navio de refugiados em que sua mãe estava — o juiz me disse. — A mamãe limpou chão de Minsk a Minnesota para pagar pela minha educação. — Ele se virou para Paolo, o poodle, e disse: — Duque — Paolo alegava ter sangue real —, quite sua dívida ou você será um ravióli morto.

A piscina foi finalmente construída graças à baronesa, mas sem o quiosque e as espreguiçadeiras que eu queria. Em vez disso, colocamos cadeiras do Exército da Salvação. Apesar de linda, a piscina não atraiu clientela. A maldição dos Teichberg, mais uma vez, me triturou e me cuspiu, porém, dessa vez, junto com uma grande piscina, que exigia manutenção constante.

☮ ☮ ☮

Começamos em 1958 com uma modesta pousada de nove quartos, sendo que dois foram criados quando mamãe pendurou cortinas no meio dos dois quartos grandes, fazendo quatro quartos. O nono quarto foi feito como um grande caixote pregado a uma árvore do quintal.

Quando as coisas seguiam o rumo do destino — nesse caso, ladeira abaixo —, fizemos a única coisa lógica para os Teichberg: construir quartos. No início de 1969, éramos os orgulhosos proprietários do hotel e resort mais feio e estranho do estado de Nova York. Possuía 74 quartos, sendo que uns dez eram bangalôs, e 15 acres situados na interseção entre duas rodovias: a 17B e a 55.

Quem estivesse na rodovia 55, na parte norte da propriedade, e olhasse para o sul, para os cinco prédios principais do hotel, pensaria que o lugar estava abandonado havia anos. O complexo era pintado de branco, mas algumas paredes estavam tomadas por trepadeiras. Em vários locais, a terra marrom surgia por entre a grama, que precisava ser cortada. A piscina ficava atrás de um dos prédios principais, emoldurada por cadeiras velhas, descombinadas e nada atraentes. Ao sul da piscina e dos prédios principais, ficava o complexo de bangalôs decadentes, sendo que muitos deles apresentavam bases irregulares. Os bangalôs ficavam num brejo que, graças à drenagem ruim e aos recorrentes problemas de esgoto, raramente secava. Havia dias em que era necessário usar galocha para se chegar ao bangalô são e salvo. Mas essa era uma das coisas sobre as quais não gostávamos de falar.

Toda a expansão do complexo foi custeada pelo meu trabalho artístico realizado em Nova York. Eu dava conta de fazer isso em parte porque me via entretido pela ideia de que, um dia, um homem lindo e rico cairia do céu e me daria uma boa vida até o fim dos meus dias. Enquanto isso, eu mantinha outra ilusão: a de que tínhamos um hotel de verdade.

Para ser totalmente franco, alguns dos quartos nem podiam ser chamados de "quartos". O que eu fiz em alguns dos espaços maiores foi pendurar cortina de chuveiro, muitas rasgadas e manchadas. Então, apliquei contra as cortinas folhas artificiais de palmeira, as quais consegui no trabalho na W. & J. Sloane, para reforçar a impressão de haver ali uma parede. Fiz o papai colocar as lâmpadas direto no bocal, pois não podíamos arcar com os custos de uma instalação completa nem de luminárias. Às vezes, papai tinha de improvisar um pouco na parte elétrica e, mais de uma vez, foi forçado a passar fios pelo chuveiro (combinação potencialmente letal, mas perfeitamente segura se o hóspede tivesse cuidado). De qualquer forma, graças a cortinas de chuveiro e folhas artificiais de palmeira, conseguimos transformar um espaço inutilizado em dois quartos.

É claro que não dava para colocar números nesses "quartos", mas essa era uma das minhas menores preocupações. Muitas portas não tinham maçaneta, e menos portas ainda tinham chave. Os colchões eram duros e deformados; o piso já estava todo quebrado e escurecido. Algumas partes da propriedade haviam sido tomadas por ervas daninhas. E havia os compartimentos vazios de ar-condicionado e televisão, além dos telefones que não funcionavam.

Na recepção, instalei um pisca-pisca de Natal na central telefônica que o funcionário da operadora nos havia vendido. As luzes piscavam aleatoriamente e, de vez em quando, a central emitia uns barulhos e até parecia que funcionava. Quando algum hóspede ia à recepção reclamar que o telefone do quarto não estava funcionando, eu falava que a equipe técnica da empresa de telefonia estava em greve e, por isso, o reparo estava atrasado. Minha mãe, na mesma hora, dizia que não havia possibilidade de devolução do dinheiro.

A recepção em si era uma incursão cômica por um camping de trailer completamente kitsch. Originalmente, o local media 1,5m por 1,8m, mas papai aumentou a área para poder servir café da manhã. As paredes eram de compensado e nunca haviam recebido uma demão de tinta sequer. O único adorno eram as inúmeras placas que eu havia pendurado, como, por exemplo, "Hotel à venda — faça já a sua oferta" e "Só aceitamos dinheiro — sem devolução". O teto e o chão também eram de compensado, sendo que este era revestido por um piso todo manchado que já estava descascando. O que acentuava o charme desse pequeno cenário era a cortina vermelha caríssima que obtive junto à Sloane's. Pendurado ao teto, havia uma *pièce de résistance* — um lustre de cristal bastante elaborado que poderia estar iluminando o saguão do Ritz Carlton, mas que funcionava como um anúncio de que éramos os ridículos Teichberg, completamente afundados em dívidas para ter vergonha das escolhas decorativas que faziam.

Para a maioria das pessoas, seria uma grande humilhação ser encontrado morto num hotel desses. Meu trabalho era convencê-las a pagar em dinheiro vivo para se hospedarem lá. Não era fácil. Todas as minhas habilidades criativas eram constantemente testadas.

Quando compramos os bangalôs, também compramos uma cabana de madeira grande que havia sido usada por um cassino como bingo e sala de jogatina. Coloquei a coisa sobre rodas, empurrei-a por mais de cem metros pela estrada e, por fim, coloquei-a em frente à propriedade. Arrumei umas cadeiras de um boliche falido, aluguei um projetor e coloquei uma placa na frente em que se lia "cinema underground". O primeiro filme exibido foi um melodrama sobre motoqueiros. Eu alugava filmes e os exibia, mas a exígua clientela era composta pelo dono do laticínio local, Max Yasgur, que apoiava em silêncio tudo que eu fazia, e alguns poucos bêbados que haviam perdido tudo na Monticello Raceway.*

Se não havia filmes em exibição, o cassino se tornava uma galeria de artes. Ninguém o visitava, a não ser Max, e Elaine e Bill Grossinger, proprietários do maior e mais bem-sucedido resort em Catskills. Eu sempre pedia a ajuda de Elaine.

— Elaine, estou morrendo aqui. Manda um pouco de sua clientela pra cá, por favor.

— Elliot, vou falar para ligarem se precisarem de um teto pra fugir da chuva, mas vou explicar que o lugar é uma espelunca.

---

* Corrida de cavalos tradicional realizada em Monticello, Nova York, em que os competidores montam em um arreio especial, parecido com uma biga. (*N. da E.*)

— Elaine, não diga que os quartos têm rádio, porque não têm — eu falava, e, depois, um pouco envergonhado, dizia: — Os quartos têm tevê.

— Elliot, eu conheço a história das tevês.

Elaine cumpriu com a palavra, mas logo deixou de indicar o hotel porque estava recebendo muitas reclamações.

Reclamação fazia parte dos negócios. A maioria dos nossos hóspedes eram judeus idosos de Nova York, a quem eu chamava de *yentas* — palavra iídiche para aquelas fofoqueiras que não fecham a matraca e falam pelos cotovelos. Mas, de vez em quando, aparecia alguém que não havia conseguido se hospedar em alguns dos melhores resorts de Catskills, como o do Grossinger ou The Concord. Como negócios são negócios, não negávamos nada, mas sabíamos o que estava por vir quando uma pessoa dessas entrava no quarto.

Certa vez, uma mulher com um cachorro debaixo do braço chegou enfurecida à recepção e exigiu que devolvêssemos seu dinheiro depois de ter visto o quarto.

— Não tem ar-condicionado — ela disse, profundamente ofendida. — Eu moro em Sutton Place e não posso permitir nem que meus empregados vivam em condições tão ruins quanto essas. Exijo ver a credencial de filiação do estabelecimento à associação hoteleira.

Soltei um suspiro, olhei pra mamãe e lhe deleguei essa missão. Ela ficou toda animada.

— Não hospedamos gente como você — disse, com o peito inflado feito um pavão. — Aqui é um hotel exclusivo. Quer ver a nossa credencial? Ah, é?

A mamãe começou a falar com o dedo na cara da mulher para enfatizar sua indignação. Foi como se estivesse rogando uma praga para cima dela.

— Só Deus poderá puni-la por difamar uma mãe que veio da Rússia até aqui. Isso mesmo, sra. Mão de Vaca, pode reclamar do hotel com a associação hoteleira. — E, assim, ela apontou o dedo para uma das placas penduradas na recepção: "Sem devolução."

Uma vez, um inspetor chegou sem avisar e se hospedou no hotel. Muito educado e cavalheiro, ele estava claramente acostumado a avaliar estabelecimentos de alto nível. Pelo que me lembro, ficou uns vinte minutos no quarto e voltou à recepção em completo estado de choque.

— Esta espelunca é uma desgraça para a indústria hoteleira — ele disse, quase tendo um infarto. — Os proprietários deveriam ser presos. Aliás, cadê os proprietários?

— O escritório fica localizado em Berlin Hilton — falei.

O inspetor continuou, pois estava chateado demais para ouvir o que eu tinha acabado de falar.

— Pelo cheiro e pela aparência da roupa de cama, toda manchada, parece que tem mais de vinte anos que não é lavada.

— É impossível — retruquei. — O hotel tem só oito anos.

Mais uma vez, ele nem prestou atenção às minhas palavras. Completamente descrente, ele disse:

— E não tem toalha. Tive de dar 2 dólares de gorjeta a uma camareira russa maluca para me fornecer uma toalha. A tevê não passa de uma caixa vazia. O telefone não passa de um adorno. O recepcionista tem um molho de chaves sem números. Eu tive de comprar sabonete dessa mesma senhora. Ela quis até me cobrar pela vaga de estacionamento em frente ao meu quarto. Como vocês ousam pendurar a placa "quartos de luxo"? Exijo que devolvam meu dinheiro integralmente e me peçam desculpas.

Isso bastou para mamãe assumir as rédeas da situação. Portanto, as exigências do inspetor não foram cumpridas. E lá se foi mais um cliente insatisfeito.

Para não enlouquecer e manter vivas as esperanças de um dia dar o fora daquele lugar, pendurei placas por toda a propriedade e também pela estrada que dava em White Lake. Tínhamos cinco outdoors, e o papai e eu construímos mais alguns. Num dos outdoors, escrevi: "Pela frente, só estrada!!!! Não tem mais retornos nem desvios. Último hotel até o fim da estrada." Havia outro que dizia: "O hotel não pertence à mesma associação que Hilton International, George V Paris, Sheraton ITT, Princess Grace."

Já na propriedade, pendurei pequenas placas nas paredes ou entre as ervas daninhas. "Degenerados, sejam bem-vindos", "Clube dos adoradores de sadomasoquismo" e "Eagles' Nest". O The Eagles' Nest era uma boate gay no Greenwich Village, mas só os gays sabiam. A referência servia como um código para atrair, como atraiu, gente com os mesmos gostos. As placas me mantinham ocupado, de várias maneiras.

Eu precisava das placas da mesma forma que a válvula da panela de pressão impede que ela exploda. Eu era um artista gay posando de homem de negócios hétero. Só isso já é o bastante para uma pessoa sã enlouquecer. Agora jogue uma pessoa dessas no meio de tipos como meus pais. Ela só poderia fazer placas ou cometer suicídio. Escolhi as placas.

Abri um bar no qual os garçons serviam as mesas sem camisa. Rapazes de 21 anos de sunga serviam a clientela, composta, em grande parte, por mulheres. Para garantir mais animação e diversão, coloquei um quadro no banheiro masculino e disponibilizei várias canetas para os homens escreverem todos os tipos de pichações eróticas. Aí, eu dizia às mulheres que, se comprassem uma bebida à meia-noite, poderiam entrar no banheiro masculino e ler o que os homens haviam escrito. Tive a ideia quando passei a vender pratos de papel branco às mulheres por um dólar. Elas podiam escrever o que quisessem no prato e depois pregá-los nas paredes do

Cavando meu próprio túmulo enquanto rio histericamente

banheiro masculino. Durante algum tempo, as mulheres adoraram a ideia, ainda mais depois de umas e outras.

O bar lotava, mas era minúsculo; tinha seis metros por nove. Tarde da noite, várias pessoas já haviam encontrado seus pares e estavam dando amassos. Era a parte mais solitária do meu trabalho. E, para piorar as coisas, o bar era pequeno demais para ser lucrativo. Além disso, todo lucro ia parar direto no sutiã da mamãe. No fim de cada mês, estávamos duros e não podíamos pagar a hipoteca, o que significava que eu tinha de injetar mais dinheiro no negócio para continuar em funcionamento.

Nos fins de semana, tínhamos de dar de comer aos poucos hóspedes. Então eu pedia comida num restaurante chinês que ficava perto. Eu servia a comida em pratos de papel vagabundos que havíamos comprado de uma atacadista que faliu. Havia vários pratos com o nome das empresas que os haviam encomendado. Quando as pessoas recebiam a comida, ficavam perplexas.

— Não dá pra comer nesse troço mole — diziam.

Então pendurei a seguinte placa: "Não nos responsabilizamos por nada."

Certo dia, uma *yenta* (aquelas velhinhas judias) me perguntou:

— Quem é o doido que faz essas placas?

— Não sei — respondi. — Elas aparecem quando estamos dormindo.

Para atrair mais movimento, abri a Panquequeria, onde o papai e eu preparávamos café da manhã. O menu era limitado, para não dizer outras coisas, mas até mesmo os pratos mais simples eram um desafio para o papai. Se alguém dissesse "quero meu muffin inglês bem passado", papai, cujas mãos de telhador estavam permanentemente manchadas de piche, olharia para a hóspede como se ela fosse de outro planeta.

— A senhora vai comer do jeito que sair — ele retrucava.

Eu estava sempre em busca de maneiras de equilibrar a graça ilimitada dos meus pais. Portanto, pendurei mais placas: "Panqueca *a la Barbra Streisand* — 40 dólares"; "Panqueca *a la Ethel Merman* — 60 dólares". Próximo à placa de Ethel Merman, escrevi "Só hoje — 45 dólares".

Desesperado para ter uma vida social, criei uma noite swing para solteiros. Coloquei o seguinte anúncio no *The Village Voice*: "De saco cheio de Fire Island? Pode acreditar! White Lake pela metade do preço! Fim de semana swing para solteiros." E depois vinham as informações sobre como chegar ao hotel. Apareceu um monte de zeros à esquerda, bêbados e gente estranha, até um padre careca que ficou me perguntando se eu acreditava em Deus. Quando eu lhe perguntei se *ele* acreditava em Deus, respondeu em voz baixa:

— Já acreditei. — E foi embora do hotel sem dizer mais nada.

A lista de tarefas que eu realizava no hotel parecia ser infinita. Num dia normal, eu limpava privadas, atendia hóspedes na recepção, cortava grama, cozinhava, limpava a piscina, limpava a fossa, atuava como diretor de relação com o cliente, fazia a segurança, era o filho gordo e fazia papel de idiota. A vida se transformou num contínuo ciclo de limpar privada e fazer panqueca. Na maioria dos dias, não dava tempo de fazer tudo.

Quando tinha um minuto de descanso, eu me refugiava no bangalô número dois, que era meu esconderijo particular. Lá, havia uma cama dobrável bem velha e apetrechos de couro e sadomasoquistas pendurados no teto. O lugar parecia uma masmorra equipada com o que havia de mais moderno em instrumentos de tortura. Eu me esparramava na cama, exausto, sob um móbile de chicote e algema. Eu estava tão deprimido na época que a carreira de rabino em Flatbush começou a me parecer uma oportunidade desperdiçada. Quando finalmente relaxava e deixava os pensamentos voarem, eu fantasiava que um desconhecido rico e maravilhoso apareceria e me levaria para Paris. E, então, a voz de minha mãe surgia no volume mais alto penetrando meu sonho através do coração.

— Elli! — gritava ela. — Você precisa limpar as privadas. Oh, que bagunça! As minhas costas estão me matando!

Mas eu tinha outras diversões. Uma delas, a quem eu chamava de Bill Smith, era casado e sócio de um dos maiores e mais exclusivos hotéis de Catskills. Ele era gay e precisava de uma válvula de escape. Eu era essa válvula. Ele vinha até mim; passávamos uma ou duas horas no bangalô-masmorra. De vez em quando, ele me ligava para marcar um encontro. Ele pensava estar sendo discreto, mas desconhecíamos o fato de que Maria, a telefonista da cidade, escutava nossas conversas. Maria era casada com Rusty, um encantador operário de construção e bebum. Moravam do outro lado da rua e viviam entediados um com o outro. Maria costumava ouvir as conversas dos outros por lazer. E como lhe dávamos o que ouvir!

Um dia, Maria admitiu para mim que sabia por que sempre via o carro de Bill Smith estacionado na frente do hotel.

— Maria — eu disse, desaprovando com desdém. — Isso não é bonito. Aliás, é ilegal.

— Eu sei — retrucou ela. — Mas o que você quer que eu faça? Só você tem conversas telefônicas interessantes nesta cidade.

✌ ✌ ✌

Poucos anos depois de eu ter passado a administrar o hotel, decidi me associar à Câmara de Comércio de Bethel. Não demorou muito para eu descobrir que era um local tão deficiente quando o hotel Teichberg. As reuniões não passavam de sessões de fofoca de *yentas*, estavam longe de ser uma tentativa séria de gerar mais negócios para nossa comunidade. Pior ainda, eu era o membro mais bem-educado e o único com ideias para melhorar nossas finanças. Os outros membros já me conheciam bem e estavam cientes de minha reputação de fazer tentativas esquisitas e incontroláveis para gerar mais negócios. Nenhum dos meus empreendimentos dava certo, mas, numa cidade que já se rendera ao fracasso havia muito tempo, eu parecia ser o único participante vivo da Câmara de Comércio. Portanto, por unanimidade dos votos, fui eleito presidente da Câmara de Comércio de Bethel. *E Pluribus Unum*.*

Todos os membros ficaram animadíssimos. E então veio o momento realmente estimulante: queriam me contar a grande ideia para atrair dólares à Bethel através do turismo. A presidente anterior, uma tal de Ethel, de 60 e tantos anos, bateu as mãos e anunciou com um entusiasmo incontrolável:

— Elliot, queremos construir um monorail! — As seis senhoras e os dois homens olharam para mim com os olhos arregalados de tanta ansiedade. — O que você acha, Elliot? Não é uma grande ideia?

---

* *E pluribus unum* é o lema nacional dos Estados Unidos. Traduzido do latim, significa "De muitos, um". Refere-se à integração das 13 colônias independentes em um país unido, e adquiriu outro significado, o da natureza pluralística da sociedade norte-americana, devido à imigração. (N. da T.)

E veio uma interrupção imediata:

— A Disneylândia tem monorail, Elliot. Vai atrair muito movimento. Queremos construir um monorail de Nova York direto a Bethel. As janelas podem ser negras para os passageiros não verem nada no caminho de Nova York até nossa pequenina cidade. Virá gente de todo o país para andar no nosso monorail.

Minha mente e eu fizemos uma reuniãozinha particular enquanto tudo isso estava rolando. Lá vai a transcrição: *O que Bethel tem que só atrai lunáticos? Talvez estejamos caminhando para o equivalente terrestre do Triângulo das Bermudas, onde forças misteriosas se convergem para tornar todos dementes. Ou talvez alienígenas estejam realizando experimentos conosco à noite, enquanto estamos dormindo, e os efeitos colaterais incluam psicose. Ou talvez seja a água. É, com certeza é a água.*

— Quem vai propor esse projeto? — perguntei, esforçando-me para não deixar transparecer que eu pensava que eram doidos.

— Não sabemos, Elliot, mas sabemos que você pode fazer qualquer coisa — alguém disse.

— Está bem — disse eu. — Vamos colocar isso na pauta, mas tentaremos fazer algo menor antes de pensar num projeto multimilionário. Vocês têm outras ideias?

Eles trocaram olhares e, de repente, ficaram desorientados. Por fim, Ethel se pronunciou:

— Bom, é só isso, Elliot — ela disse. — Ficamos tão animados com o monorail que o resto nos pareceu sem graça...

— Vocês não pensaram em mais nada?! — indaguei, não acreditando no que ouvia.

Louie, um encanador, teve uma ideia.

— Bem, conversamos sobre instalar uma cabine de informação na sua propriedade, visto que fica na entrada de White Lake. — De repente meio sem jeito, ele concluiu na mesma hora: — Ah, de forma alguma iríamos fazer sem a sua permissão, Elliot. Mas podemos distribuir livretos sobre negócios e turismo na região. Pensamos que pode atrair mais movimento.

— Ótima ideia, Louie! — eu disse, aliviado e grato por aquele raio de sanidade. — Vou até doar a madeira.

E assim foi feito. O papai construiu a cabine de informação turística na nossa propriedade, bem na rodovia 17B, que era um dos principais acessos a White Lake. O local logo se tornou ponto de encontro de velhinhas, que ficavam sentadas em cadeiras de praia falando aos turistas sobre as atrações da cidade e os lugares para se hospedar.

Infelizmente, Leon La Peters, dono do maior resort de bangalôs em White Lake e, portanto, maior contribuinte da cidade, se livrou das guias-velhinhas. Um dia, La Peters, a quem chamávamos de La Pênis, cruzou a estrada em seu trator e destruiu a cabine. Ao ver o feito, instantaneamente pensei: "Espero que não tenha ninguém lá dentro." Mas La Pênis não estava nem aí. Ele se sentiu o general Patton conduzindo seu tanque. A cabine era o inimigo, e, ao abatê-lo, certificou-se de que não sobrevivesse. Ele deu ré no trator e passou diversas vezes em cima das frágeis tábuas até que não passassem de palitos de dente. Ao partir, levantou o braço e urrou:

— Não preciso de nenhum centro de informação dessa tal Câmara de Comércio para dizer aos turistas onde se hospedar em White Lake.

Não demorou muito para La Peters se ver pego num incêndio. Todos os bangalôs foram misteriosamente reduzidos a cinzas. Ele recebeu o seguro, mudou-se para Miami e abriu um novo resort de bangalôs, maior que o primeiro.

Quando recebi a notícia, corri para a recepção e perguntei à mamãe:

— Cadê o papai?

— Lá no brejo, lavando roupa de cama — ela respondeu.

Corri para lá com todo cuidado, para não estragar os sapatos, e disse:

— Papai, vamos incendiar o hotel!

Enquanto lavava os lençóis com uma mangueira, papai me olhou, meio confuso, e disse:

— Mas não temos seguro.

— Eu sei — retruquei. — Vamos fazer um seguro.

— Como vamos incendiar o local? É muito vasto.

Olhei à nossa volta e admiti que fazia sentido. Claro que poderíamos incendiar um prédio, mas dificilmente o fogo consumiria os demais, pelo menos não sem deixar um rastro de gasolina.

— É, você tem razão — falei, meio cabisbaixo. — Incêndio não vai adiantar. Droga! Mas não parecia correto mesmo... — Eu me voltei para ir embora, mas me virei novamente e olhei para meu pai, que continuava cuidando dos lençóis. — Você já tinha pensado nisso, né? — eu lhe perguntei.

Ele não disse nada; continuou enxaguando os lençóis.

❦ ❦ ❦

Meu cargo de presidente da Câmara de Comércio trouxe, sim, algo de bom. Eu tinha autoridade legal para emitir a mim mesmo uma licença municipal para realizar um festival anual de música e artes. Por assim dizer, não havia muitas leis restritivas em White Lake. Simplesmente datilografei uma licença que me garantia permissão legal para realizar shows de rock, como o que realizei. Meu pai construiu um palco de 6 por 6 metros, e eu pendurei uns holofotes na parte superior. Não eram holofotes de verdade; eram apenas lâmpadas grandes presas a postes grandes acima do palco.

Todo ano, vinham de seis a dez bandas locais. Eram, em sua maioria, crianças que mal sabiam tocar um instrumento, mas que gostavam de se apresentar, embora o público fosse limitado a turistas esparsos, Max Yasgur e uns bebuns da região, sendo que a maioria deles já devia estar surda (se não antes do show, com certeza depois). Quando os shows terminavam, eu colocava meus próprios discos das melhores bandas da época para tocar: The Byrds, The Animals, The Mamas & the Papas e os mais recentes, como The Doors, Joe Cocker, Janis Joplin, The Jimi Hendrix Experience e Cream. Às vezes, eu colocava meus discos da Barbra Streisand para atrair a clientela da terceira idade. Foi o evento que realizei durante uns oito anos, por boa parte dos anos 1960. Para falar a verdade, as pessoas ficaram tão acostumadas a ter de aturar os shows que eu organizava que já os consideravam um evento anual.

🦋 🦋 🦋

No fim dos anos 1960, a saúde do meu pai começou a piorar. Havia muito tempo que ele suportava a dor e o desconforto causados pela colite. E, apesar de desconhecermos este fato, ele já havia começado a sofrer com os estágios iniciais de câncer de cólon. Havia um celeiro na propriedade onde ele guardava os materiais de trabalho, mas logo, logo, ficou claro que ele não podia mais ser telhador. Então coloquei um anúncio no *The Village Voice* e em outros jornais de Nova York, convidando uma trupe de teatro a White Lake. "Teatro de Verão na Terra da Liberdade — ambas as partes saem ganhando. Tenho um celeiro, vocês constroem o teatro." Rapidamente, uma turma de atores desembarcou em White Lake. Não demorou para o grupo virar uma trupe, e o celeiro, um teatro real e vivo, com palco, plateia, iluminação e cortina. Eu não cobrava aluguel e lhes fornecia quantas panquecas aguentassem comer. Max Yasgur sempre aparecia com iogurte, queijo e ovos, tudo de graça.

Todo verão recebíamos alguma companhia de teatro, mas, em meados de 1969, apareceu um maravilhoso grupo de atores, conhecido como Earthlight Players. Composto por trinta artistas e músicos famintos, o grupo representava muito bem o espírito da época. Eles ocuparam a hospedaria original, a qual transformaram em uma pequena comuna. Reformaram o teatro e até derrubaram umas árvores para fortalecer a estrutura da plateia. Não tínhamos dinheiro para pagar pelas obras, então eles faziam bicos pela cidade e viviam de trocados. Enquanto isso, ensaiavam a peça de verão, que eu adorava. Mas logo percebi que os moradores da região não iriam assistir à peça.

— Ninguém vai assistir a *As três irmãs*, de Checkov — eu lhes disse. — A não ser que façam nu artístico. *Esperando Godot*? Podem esquecer. O povo daqui vive dentro dessa peça sem nem saber.

Mas os Earthlight Players não acreditavam em mim. Além disso, eram atores comprometidos com a arte. Como a maioria das pessoas do teatro, insistiram que a magia ia acontecer.

Por outro lado, eu sabia que precisávamos de um agito nos negócios. Em maio de 1969, o fluxo de capital estava tão baixo — completamente no vermelho — que ficou impossível pagar a hipoteca. Desesperado por dinheiro, liguei para minha irmã Goldie, que havia se casado com um multimilionário.

— Me empresta US$ 5 mil até o fim do verão — implorei. — É temporada de férias. O 4 de julho está quase chegando. Vai ter muito movimento. Vou conseguir te pagar no fim de setembro.

— Deixe que eles se afundem sozinhos, Elliot — ela me disse. — O que você está fazendo? Está desperdiçando sua vida. Deixe o governo leiloar a propriedade.

— O banco vai tomar o hotel no fim da temporada se eu não aparecer com o dinheiro da hipoteca — eu lhe disse.

— Ótimo. Que não demorem a fazer isso! Vão fazer um favor a você.

Então fui ao gerente do banco e implorei para me dar mais tempo.

— O movimento está fraco agora — falei. — Mas vai melhorar no verão. Me dê até o fim da temporada. Aí vou conseguir pagar a hipoteca.

Ele aceitou, e o prazo ficou para o fim do verão, mas não passaria disso.

Papai e eu pintamos todo o hotel para parecer apresentável, mas, devido às condições reais do lugar, não ficou lá grandes coisas. Os fins de semana eram um infer-

Cavando meu próprio túmulo enquanto rio histericamente

no de trabalho físico intenso e ansiedade sem-fim. Meu único momento de tranquilidade era nas noites de domingo, quando eu entrava no Buick e pisava no acelerador rumo a Greenwich Village. Quando eu chegava, ia direto a uma boate sadomasoquista na esperança de que umas boas chicotadas exorcizassem meus demônios.

5

Stonewall e as sementes da libertação

O bar era espaçoso e escuro, com ótima música e muito espaço para dançar. Havia umas duzentas pessoas no local, a maioria homens gays; e devia haver umas dez lésbicas. O público dançava sob luzes psicodélicas, à caça de um parceiro ou de um amante em potencial, pelo menos por aquela noite.

De vez em quando, vários de nós começávamos a cantar, principalmente quando tocava alguma música de Judy Garland. Judy morrera na semana anterior numa casa alugada em Londres. E, naquele dia, horas antes de nos reunirmos no bar, ela fora sepultada. Para os homens gays, a morte de Judy era como se um familiar houvesse falecido — aquele parente querido que sempre nos amou e nos compreendeu, aquele que nunca tivemos, mas sempre desejamos ter. Judy incorporava o espírito trágico "eu contra tudo e contra todos" que todo homossexual conhece muito bem. Seu grito agudo, sua alegria atormentada e seu *páthos* fomentado por drogas nos atingiam como poucos cantores o faziam. Ela cantava nossa dor. Sua bravura nos mostrava como enfrentar a vida. Mas agora ela havia partido, e todos no Stonewall Inn, um buraco na Christopher Street no Village, estavam furiosos e arrasados.

Era sexta-feira à noite no fim do mês de junho. Eu costumava voltar para White Lake nas noites de sexta-feira, mas resolvi ficar em Nova York para uma noite de devassidão e, quem sabe, de farra também. A vontade de Judy era que cantássemos e comemorássemos. Eu só pensava em encher a cara, me divertir e, se possível, encontrar alguém nos cantos escuros do Stonewall.

No domingo anterior, fugi de White Lake como se tivesse visto o fantasma do Chanuka. É claro que eu estava fugindo de mim mesmo ou, mais precisamente, da tempestade de credores e do carma que estavam prestes a destruir o hotel, o futuro dos meus pais, dez anos da minha vida, uma década do meu dinheiro e o conto de fadas patético, segundo o qual eu podia salvar meus pais de sua própria incompetência suicida. No que eu estava pensando? Goldie tinha razão! Eles se empenhavam em destruir a si próprios, assim como qualquer um que se envolvesse com eles. Ah, sim, o fantasma do Chanuka — sem sombra de dúvida, um velho rabino, de terno preto, chapéu, barba comprida e costeleta tradicional — estava prestes a aparecer, elevar aquele pé enorme no ar e me esmagar, talvez enquanto eu ainda estivesse no Buick.

— Você deveria ter se tornado um rabino, Eliyahu! — Eu podia escutá-lo proferindo tais palavras, logo antes de me transformar numa panqueca de batata. — Você acha que frequentou o Yeshivá para ficar pintando placas idiotas e alugar quartos de hotel sem televisão? — Quase dava para ver os rabinos do meu Yeshivá concordando com a cabeça.

É claro que esses eram apenas meus pequenos delitos, os que vinham à tona quando eu não me entregava por inteiro. Lá no fundo, eu conhecia o verdadeiro motivo do inferno que era minha vida. Eu era amaldiçoado por ser gay.

O suor na minha sobrancelha só começava a secar quando eu via o horizonte de Manhattan. De alguma forma, a cidade esmeralda, com sua aprovação incondicional e a grande ostentação falocêntrica, me permitiu aceitar melhor a mim mesmo. Até mesmo minha respiração mudava ao ver o Empire State Building, o maior pênis de todos! Eu havia, enfim, chegado em casa.

Em White Lake, eu era um zero à esquerda, um *schlemiel*, um gay inquieto escondido no armário, cuja máscara sempre corria o sério risco de cair. Mas, em Manhattan, eu era um decorador de interiores bem-sucedido, membro ativo da NSID (Sociedade Nacional de Decoradores de Interiores) e professor da Hunter College. Eu também fazia parte da comunidade de vanguarda de designers, pintores, fotógrafos, atores e escritores que moldavam o gosto norte-americano. Apesar de um habitante comum de Houston, Phoenix ou Peoria não se dar conta disso, quase tudo que se considera moderno e lançador de moda é influenciado ou diretamente produzido por estilistas e artistas gays, que vivem, em boa parte, em Nova York ou São Francisco. Até mesmo a moda lançada por grandes astros, como Madonna, os roqueiros punk ou os adolescentes que vestem roupas e maquiagem góticas, compartilha da mesma fonte: a criatividade dos homens gays, e muitos lançaram essas modas nas boates sadomasoquistas dos grandes centros urbanos.

As energias vitais de nossa vida confluem para todas as empreitadas criativas e artísticas. Em qualquer campo artístico — romance, dramaturgia, poesia, pintura, atuação e design —, há artistas gays entre aqueles que fazem contribuições revolucionárias. Aliás, isso serve para quase todos os grandes campos de conhecimento, inclusive nos negócios e no mundo científico. A ironia é que, historicamente, apesar de os americanos amarem as contribuições do mundo gay, sempre detestaram os artistas e os inventores.

A História é a história das maiorias que oprimem as minorias, sejam elas quais forem. Nos Estados Unidos, em meados do século XX, os dois piores destinos a enfrentar eram ser gay ou ser negro. E há quem argumente que ser gay era um crime, o mais grave.

Nas décadas de 1950 e 1960, a homossexualidade era considerada uma doença mental pelos médicos. Era tratada por psiquiatras como uma doença que poderia ser "curada" com análise freudiana, hipnoterapia e, se o restante falhasse, com "tratamentos" de eletrochoque. Os psicoterapeutas queriam que acreditássemos que era uma aberração de nossa criação, um distúrbio psicológico resultado de relações corrompidas com a mãe e o pai. A carapuça me servia perfeitamente, mas isso também servia para todos os meus amigos heterossexuais. Na verdade, não conheço um ser humano sequer que não tenha tido uma infância complicada. No entanto, a homossexualidade era um distúrbio que os psiquiatras afirmavam poder "exterminar" com os tipos exatos de modificações comportamentais. Eles não podiam curar mais nada, mas isso podiam curar, sim.

Também se acreditava que a homossexualidade era uma escolha que podíamos controlar, se quiséssemos. Muitos terapeutas e clérigos pensavam que alguns homens e mulheres escolhiam ser gay porque eram inerentemente pecadores. Daí vem a atração por um estilo de vida pecaminoso. Essa crença possibilitou que se cometesse todo tipo de crime de ódio contra os seres humanos cuja única transgressão era a orientação sexual, sobre a qual não tinham controle.

A verdade é que quase qualquer garoto que descobre ser homossexual enfrenta uma crise que inclui pensamentos suicidas. Ao ser rejeitado por familiares, amigos e pela sociedade em geral, ele se vê completamente sozinho e odiado. Muitos, até demais, decidem ser o suicídio a única solução. Entre aqueles que optam por ficar vivos, muitos tentam ser heterossexuais. Alguns acabam se casando e tendo filhos, outros viram padres; já outros tentam levar uma vida assexuada. Quase todas as tentativas de "reabilitação" ou "redenção" falham. Podem tentar o que for, mas as pessoas não podem negar sua natureza sexual. Aliás, a negação geralmente leva a comportamentos aberrantes e a uma dor ainda maior; e não só para eles, mas para outras pessoas também.

Uma hora acabamos aprendendo que só podemos encontrar nossa única redenção verdadeira se formos nós mesmos. Porém, pagamos um preço alto por isso. "Sair do armário" garante visibilidade repentina — ou, pelo menos, maior visibilidade. A consequência é o fato de que nos tornamos alvos mais fáceis, não só para criminosos e homofóbicos, mas para a lei também.

O comportamento homossexual era ilegal nas décadas de 1950 e 1960. Em Nova York, a polícia armava tocaias para gays no Central Park e em outros locais da cidade. Vestindo camisa esportiva, calças de sarja e lenço colorido pendurado em um dos bolsos de trás — os lenços eram um código entre os gays para passivo e ativo —, policiais posavam de gays.

— Oi! O que você vai fazer hoje à noite? — um guarda à paisana perguntava a um homem que ele acreditasse ser gay. Quando ele respondia e se aproximava, era algemado, jogado no camburão e levado para um passeio no centro da cidade. Muitos gays chegavam à delegacia ensanguentados e cheios de hematomas, talvez até mesmo com umas costelas quebradas, graças à "justiça" aplicada no caminho.

Quem tinha bar ou restaurante gay estava sujeito a batidas de rotina. Segundo a polícia, havia leis que proibiam pessoas do mesmo sexo de dançarem juntas. Quando a polícia chegava, pediam a identidade das pessoas e detinham vários "suspeitos". Depois, surravam as drag queens e quem julgavam ser afeminado demais, e os jogavam na prisão por uma ou duas noites. Lá, ficavam sujeitos a mais maus-tratos por parte dos outros presos.

Muitos empregadores tinham atitudes parecidas. A não ser que se trabalhasse para um homossexual, o emprego corria risco no minuto em que o patrão suspeitasse que o funcionário era gay. Nos anos 1950 e 1960, não havia leis contra a discriminação sexual. A pessoa era demitida imediatamente por mera suspeita de homossexualidade.

A atitude da polícia, da justiça e dos empregadores abria precedentes para criminosos e gangues expressarem a homofobia da maneira mais violenta possível. As surras eram algo corriqueiro e fazia-se vista grossa a elas — mal eram consideradas um crime. Muito mais assustador eram os frequentes assassinatos de homossexuais pelo simples fato de serem gays.

Todo gay tem uma história de violência para contar, e não é diferente comigo.

Certa vez, eu estava saindo do Lenny's Hideaway — um bar gay no Greenwich Village — com um amigo. Logo vimos que estávamos sendo seguidos por um delinquente juvenil. Meu amigo e eu ficamos com medo e aceleramos o passo, sem correr, pois não queríamos que ele soubesse que estávamos correndo de medo, que era exatamente o que estávamos fazendo.

— Para onde as duas bichinhas estão correndo? — perguntou o delinquente e rapidamente se pôs na nossa frente. — Pra onde as duas bichinhas estão correndo? — ele repetiu, dessa vez estampando no rosto uma malícia genuína. Não dissemos nada. — Esse seu relógio é muito bacana, sua bicha — ele falou comigo. — Pode passar o relógio.

Covardemente, como um relâmpago, o jovem com quem eu estava saiu em disparada, me deixando para trás. O delinquente e eu assistimos à sua partida. Como nunca corri rápido, temi que, se saísse correndo, seria facilmente pego, e a situação ficaria ainda pior para o meu lado.

— Toma. Pega o relógio e me deixa em paz, está bem? — disse eu.

— Passa a carteira, seu veado, ou eu rasgo você todo — ele retrucou. E mostrou a faca que levava no bolso.

Joguei a carteira na cara dele e corri o mais rápido que pude. Só fui olhar para trás depois de muitos quarteirões, numa rua bem iluminada onde eu podia entrar numa loja caso fosse necessário.

Era a conduta-padrão: os homens gays nunca revidavam aos ataques. Era a regra não escrita. Dávamos a outra face, por razões práticas. Para começar, não éramos violentos. Além disso, se fôssemos presos brigando ou se feríssemos ou matássemos quem nos abordou, nenhuma corte do país veria nossas ações como questão de legítima defesa.

Uma coisa era ser atacado na companhia de alguém, mas outra bem diferente era sofrer o ataque sozinho. Certa noite, no Amsterdam Theater, na Forty-Second Street, um jovem se sentou atrás de mim, colocou os pés no encosto do meu assento e o pressionou contra meus ombros e pescoço. Olhei para trás e me deparei com um par de olhos escuros e cruéis que revelaram a clara intenção de arrumar uma confusão. Eu me levantei, fui embora do teatro, saí às pressas pela rua e entrei numa lanchonete 24 horas. Lá, eu me sentei no balcão e tentei recuperar o fôlego.

— Café, por favor — pedi a uma garçonete que apareceu de repente na minha frente. Era óbvio que eu estava abalado.

O lugar estava praticamente vazio, e não havia ninguém sentado no balcão oposto a mim. De repente, o sino anunciou a entrada de mais um cliente. Uma capa de chuva escura e comprida passou por mim e se sentou num banco do balcão exatamente na minha frente. Mas, dessa vez, dava para ver o homem com toda a nitidez. Ele era bastante moreno, parecia ter acabado de entrar na casa dos 30, tinha cabelo preto ensebado, barba por fazer e olhos malévolos que me encaravam. Ele me olhava e dava risadinhas. Então, começou a brincar com uma corrente de prata que ostentava no pescoço e a puxou com força, como se estivesse se estrangulando. Alguma coisa naqueles olhos me dizia que era exatamente aquilo que ele tinha em mente para mim.

Os olhos dele se fixaram numa pulseira de prata que eu usava no braço direito.

— Gostei dessa sua pulseira, seu merda fodido — ele disse. — Pode passar para cá, senão vou deixar tanta cicatriz que ninguém nunca mais vai querer você.

Eu não parava de tremer. Aí me levantei e saí da lanchonete com toda rapidez, mas ele estava bem ali atrás de mim. E, de repente, estava na minha frente.

— Aonde você vai, seu puto? — ele perguntou. — Você mora por aqui?

— Não — respondi. — Não quero arrumar confusão, está bem?

— Sempre vejo você no teatro se tocando — falou. Mas nada se compara ao que eu vou fazer com você.

Depois puxou o distintivo da polícia e esfregou na minha cara. Então, ele me empurrou com força para um beco com o qual a lanchonete fazia esquina. Ao me pressionar contra a parede, desceu a mãos, pegou meus testículos e começou a apertá-los.

Desesperado de medo, juntei todas as minhas forças e lhe dei um soco certeiro no olho. Ele cambaleou para trás, com a mão no rosto, e caiu de joelhos.

Foi a vez que corri mais rápido na minha vida. Só parei quando alcancei um ônibus que estava começando a pegar passageiros. Pulei no ônibus, encontrei dinheiro trocado no bolso — meu Deus, foi a primeira vez que eu tinha o valor exato! — e fui deixando para trás aquele monstro.

Na maioria das vezes, a polícia era o inimigo. Quando não estava nos atacando, tampouco estava nos protegendo. Se um gay era surrado num banheiro público e depois procurasse a polícia, os guardas riam.

— Foi merecido, sua bicha — era o que diziam.

Os direitos considerados inquestionáveis pela maioria dos americanos perdiam força total no momento em que um policial suspeitasse de que você era gay.

É claro que os gays se concentravam em locais em que se sentiam à vontade e seguros. Tínhamos a Fire Island, Riis Beach Number 1, Provincetown e Cape Cod, mas poderíamos estar encrencados até mesmo nesses lugares.

Como não nutrir sentimentos de "ódio-próprio" quando se é desprezado com toda veemência pela sociedade? Muitos de nós sofriam de homofobia internalizada. Foi a primeira grande enfermidade que afligiu a nossa comunidade e abriu caminho para o HIV e a Aids.

Quando não se espera ser amado, o sexo se torna uma experiência puramente física. Seus prazeres, suas sensações físicas e emocionais e sua pura liberação energética funcionam como uma fuga da prisão de solidão e completa rejeição do mundo heterossexual. A vaga experiência de ser desejado, mesmo sendo só sexualmente, torna-se uma validação da vida. Ser desejado se torna um motivo para continuar a viver. Porém, o toque sexual, como já foi definido, se torna um antídoto para o isolamento existencial que se estabelece nos ossos e no sangue de tantos homens gays.

Quando a sociedade detesta alguém devido a seu comportamento sexual, o sexo se torna um ato revolucionário e, para muitos, de ira. É como levantar só o dedo do meio ou enfiar o indicador no olho daqueles que sentem desprezo por nós. Confirma a diferença. Insiste no direito à vida. É uma série de fotografias explícitas e xiitas de Robert Mapplethorpe. É a força inevitável que surge da posse de cada suspiro.

Devido a todas as emoções conflitantes em relação a sexo, promiscuidade não era algo relacionado apenas aos gays, mas era praticamente tido como certo. Parecia ser nosso único direito. Para muitos de nós, inclusive para mim, o sexo promíscuo se tornou um estilo de vida. Foi só no fim dos anos 1960 que as saunas se tornaram populares. Porém, antes das saunas, ser gay, para a maioria de nós, significava percorrer bares, boates de sexo e outros lugares por toda a cidade onde era possível conhecer outros gays, quase sempre para sexo anônimo.

Tudo isso acontecia em segredo ou, pelo menos, escondido da grande sociedade heterossexual. Éramos uma comunidade segregada, ocupávamos uma posição underground e, infelizmente, estávamos nos inflamando de ódio, sentimentos de profunda injustiça e um repúdio perpétuo e adquirido por nós mesmos. Obviamente, essas condições acabaram contribuindo para uma epidemia cruel. Contudo, o que mais era de se esperar?

A homofobia internalizada afligia a maioria dos gays e das lésbicas que eu conhecia. Não importava se a pessoa era rica ou extremamente talentosa: nunca escapava da condenação lá no fundo, dentro do ser. Ser gay significava não ser merecedor de aceitação e amor — ainda mais de amor-próprio.

Certa noite, fui a uma festa num apartamento enorme no Upper East Side. Quando cheguei à sala, vi um círculo formado por muitos homens, todos prestando atenção em algo que estava no meio do cômodo. Os homens riam, gesticulavam muito e aplaudiam sei lá o quê, que estava acontecendo no meio do círculo.

Quando finalmente consegui passar pela multidão, vi o ator Rock Hudson esparramado no chão, nu e inconsciente. Nossa! Rock Hudson, da realeza hollywoodiana. E lá estava ele, deitado no chão de tábua corrida, após um cara muito feio ter transado com ele. Seus belos traços estavam contorcidos devido ao álcool e às drogas. Ele era a imagem da vulnerabilidade. A boca estava aberta. O cabelo estava molhado e para o lado. Estava deitado de costas, totalmente exposto e disponível para ser bolinado em outros atos sexuais. Havia uma fila composta por um grupo de cinco ou seis homens, que se revezavam penetrando o lindo ator e se aliviavam. Tudo isso acontecia sob o som de aplausos e assobios. Hudson foi reduzido a um pedaço de carne, a algo de que as pessoas podiam fazer uso e depois ficar se gabando em festinhas sociais, quando necessitassem satisfazer o próprio ego. Não consegui ficar muito tempo olhando o que acontecia e logo saí dali. Não era o sexo que me incomodava, e sim o grau de desumanidade de alguém que chegou a pensar que estaria em segurança sendo ele mesmo.

O excesso era o tema da época. Porém, também era uma forma essencial de viver, especialmente para quem fosse homossexual. Costumávamos dizer que era melhor viver com a ajuda da química. As drogas e o álcool tornavam mais fácil suportar a máscara e as mentiras sobre nossa identidade. Nesse sentido, nenhum de nós era diferente de Rock Hudson, que incorporava o estereótipo do homem gay dos anos 1950, 1960 e 1970. Ele vivia a mentira em grande escala: ator amado e galã das mocinhas de dia, homossexual não assumido e ser humano amedrontado à noite. E, como o restante de nós, ele precisava de todas as drogas e bebidas possíveis para fugir das identidades incompatíveis que viviam em guerra dentro dele. Ele acabou morrendo da doença gay, à qual me refiro como autorrejeição, mas os outros chamam de Aids.

Eu imaginava que os homens gays tinham algo em comum com os homens negros. Ambos acreditavam, com toda razão, que a maioria de nossos problemas era fruto do medo e do ódio que a sociedade sentia por nós. Eu interpretava dessa forma muitos dos meus próprios conflitos, pelo menos aqueles que eu não relacionava aos doidos dos meus pais e à minha infância torturante. Certamente, foi assim que acabei entendendo a espiral autodestrutiva que estava matando duas das maiores figuras que já conheci: Tennessee Williams e Truman Capote.

Quando me mudei para Manhattan, logo descobri que vivia no mesmo prédio que Tennessee Williams, famoso dramaturgo americano e autor de clássicos como *Um bonde chamado desejo*, *O zoológico de vidro* e *Gata em teto de zinco quente*. Com o tempo, acabei o conhecendo e nós dois passávamos horas na beira da piscina do prédio. Tennessee bebia muito e era viciado em remédios, ainda mais depois de seu parceiro de muitos anos, Frank Merlo, ter morrido no início da década de 1960. Mas, mesmo quando alterado, Tennessee era um grande contador de histórias, e eu adorava ouvi-lo contá-las. Um dia, na Third Avenue, encontrei com ele passeando com Truman Capote. Eu era grande admirador de Capote. Simplesmente adorava seu trabalho e sua personalidade singular. Capote já havia escrito *A sangue frio* e era uma celebridade internacional. Ele era envolvente, muito espirituoso e provocativo.

Depois de Tennessee ter nos apresentado, Truman disse:

— Sempre gostei de homens altos e bonitos. Você é casado?

— Não — respondi com um sorriso.

— Meu Deus! Eu quase não conheço virgens — ele disse com risadinhas.

Ele dava muitas risadinhas, não demorou para eu descobrir. Truman era o Piu-Piu sob o efeito de cocaína. Era aquela rara combinação de velho pervertido com anjo querubim no corpo de um jovem. Fiquei impressionado na hora.

Tennessee sugeriu que fôssemos a um bar das redondezas para conversar. Bebemos e discutimos peças, livros e minha condição de virgem. Eu estava animado por estar bebendo com dois grandes nomes das letras. Não revelei ter sido um aluno gordo e feio do Yeshivá vindo de Bensonhurst. Aliás, esse assunto nunca veio à tona.

Poucas semanas depois, Tennessee e Truman bateram à porta do meu apartamento. Na hora em que entraram, percebi que estavam sob o efeito de alguma coisa — ou de tudo, provavelmente. Estavam tontos, meio fora de si. Tennessee me deu um remédio.

— Aqui. Toma um. E não me ligue de manhã — balbuciou ele.

Logo depois, ninguém sentia dor alguma. Contei a eles da minha inclinação por couro e sadomasoquismo, e Truman quis me ver vestido de policial.

— Quero ver as algemas — ele ficava repetindo com aquela vozinha infantil e aguda. — Me mostra as algemas!

Vesti a roupa de policial e desfilei para eles.

— Você está babando, Tru — disse Tennessee. — Quem sabe se você chupasse um policial hoje não estaria tão deprimido assim. — E, assim, ele empurrou Truman para cima de mim.

Truman caiu na minha frente, abriu minha calça e começou a seguir as minhas instruções. Logo depois, caiu estatelado no chão e desmaiou. Não demorou nada para os três estarem dormindo no chão. Quando acordamos, tomamos Pepsi, e eles aproveitaram para ingerir mais uma rodada de remédios. Eu recusei, pois sabia que era hora de parar, mas Tennessee e Truman saíam cada um de sua respectiva depressão por meio da ingestão constante de drogas.

Poucas semanas depois, vi Tennessee na piscina e me sentei ao lado dele. Ele parecia estar deprimido, então perguntei qual era o problema.

— Estou trabalhando numa peça que não está indo muito bem. Estou detestando. Tenho certeza de que a crítica será avassaladora. Já reescrevi o texto diversas vezes. Quer beber? — Ele me passou uma garrafa térmica que continha café com conhaque.

— Tru está bem? — perguntei. — Ele mal conseguiu sair lá de casa andando aquele dia.

— Do que você está falando? — Tennessee perguntou.

— O que Tru foi fazer na sua casa? — No desenrolar da conversa, eu me dei conta de que ele não se lembrava de nada que acontecera poucas semanas antes. Nunca mais vi Truman Capote, e, pouco tempo depois, Tennessee se mudou. Anos depois, eu o revi no Chicago's Goodman Theater, onde sua penúltima peça, *A House Not Meant to Stand*, estava sendo encenada. Ele parecia sozinho, deprimido e sob efeito de drogas; parecia um grande pedaço de fruta estragando aos poucos. Não achei que ele fosse durar muito depois daquilo, e não durou.

Naquela época, eu não conhecia muitos detalhes da vida desses dois escritores; detalhes esses que hoje em dia são amplamente conhecidos, graças a inúmeras biografias e filmes. Porém, pelo que eu sabia, Tennessee e Truman sofriam de diversas enfermidades que também estavam destruindo a minha vida. Ser gay significava que, lá no fundo, num ponto fundamental no qual se admite estar a essência mais verdadeira e vulnerável da pessoa, automaticamente se sente culpado por ser um criminoso.

Nesse período da história, a maioria dos homens gays, não importava sua genialidade, teve uma vida trágica. Enquanto talvez existissem muitos motivos que não se relacionavam ao fato de serem gays, a maioria não encontrava a cura ou redenção no amor duradouro. A alternativa — promiscuidade, falta de amor-próprio, álcool e drogas —, enquanto oferecia uma breve fuga, geralmente levava à destruição, assim como aconteceu com Tennessee Williams e Truman Capote.

Contudo, nem todo mundo era promíscuo ou irado. Muitos gays e lésbicas mantinham relacionamentos sérios, amorosos e duradouros. Conseguiam superar a homofobia e encontrar o amor — amor-próprio e amor pelo outro. Mas, até mesmo esses relacionamentos, que geralmente eram lindos, tinham de ser mantidos em segredo. Quando um dos parceiros adoecia ou morria, o amante sobrevivente não tinha direitos legais nem recebia quaisquer benefícios. Nenhum amor entre duas pessoas homossexuais era considerado puro.

Éramos odiados porque tínhamos atração sexual por alguém do mesmo sexo. Nossa vida era vista como algo sem valor, até mesmo ameaçador. E muitos de nós, inclusive eu, aceitavam o veredicto segundo o qual pertencíamos a uma raça subumana e, portanto, não éramos merecedores de total cidadania sobre a face da Terra.

Quer dizer, até uma noite de sexta-feira, em junho de 1969.

✥ ✥ ✥

A princípio, era apenas mais uma noite de farra no Stonewall. As pessoas estavam se divertindo. Era mais ou menos 1h20 quando o barman subiu no balcão do bar e gritou:

— Ei! A polícia está vindo! Rápido. Todo mundo pega uma mulher para dançar. Nada de gente do mesmo sexo dançando junto! — E, assim, os funcionários pegaram o dinheiro da noite e saíram do bar pela porta dos fundos.

Minha primeira lembrança é de ouvir uma garrafa de cerveja estilhaçar no chão em algum lugar do bar. Depois, no meio da confusão, alguém gritou:

— Não vamos deixar esses porcos mexerem mais com a gente! Não vamos deixar que entrem no bar! Que se foda! Hoje nós vamos revidar!

Fiquei chocado. Isso nunca havia acontecido. Estávamos acostumados às batidas; sabíamos o que fazer, inclusive que não deveríamos revidar. Naquele momento, de repente, havia um cheiro de revolução no ar. A atmosfera exalava agitação e fúria, e minha raiva foi despertada. Corri para a entrada, com mais dois, e fechamos a porta com as barras de metal que a trancavam por dentro. Depois, um grupo maior se juntou a nós para bloquear a porta com uma jukebox. Imediatamente, mais gente passou a empurrar mesas e cadeiras. A polícia já estava do lado de fora, com a sirene das viaturas e os alto-falantes ligados. Então começou a bater à porta e a ameaçar prender todo mundo se não a abríssemos.

Alguém gritou:

— A gente está em número maior! Vamos arrancar o couro deles! — Percebi, de novo, que essa havia sido a primeira vez que escutei algo parecido. Finalmente, iríamos enfrentar a polícia.

Minha raiva começou a entrar em ebulição dentro de mim — uma raiva apavorante, que foi sendo nutrida durante todos aqueles anos. Inacreditavelmente, eu me ouvi gritar:

— Vamos lá pra fora virar os carros deles!

De repente, todo mundo estava gritando. Desbloqueamos a porta da frente e saímos em disparada rumo à Christopher Street. Foi só então que percebemos que havia apenas duas viaturas e uns quatro ou cinco policiais à nossa espera.

Lá fora, nós nos demos as mãos e começamos a gritar:

— Gay power! Gay power!

A princípio, não houve violência, mas um dos policiais pegou uma mulher e a levou para a viatura. Com toda coragem, ela resistiu à prisão e começou a gritar:

— Gay power! Gay power!

Foi então que se instaurou a confusão.

As pessoas começaram a gritar com a polícia. Nós a afrontamos e cercamos uma das viaturas, ficamos balançando o carro de um lado para o outro e o viramos de lado. A animação por virar o carro da polícia me deu uma sensação de poder que eu nunca havia tido. As pessoas à minha volta se sentiam da mesma forma. Estávamos com os olhos arregalados com nossa força e prontos para lutar. Os guardas ficaram furiosos e pediram reforço. Logo, logo, chegaram mais viaturas e camburões, com a sirene ligada.

A turma pegou cadeiras do Stonewall e começou a lançá-las na polícia. Havia quem jogasse garrafas, pedras e pedaços de pau encontrados no Sheridan Park, que ficava na frente do Stonewall. Outros jogavam moedas. A polícia começou a nos agredir com cassetete e a levar pessoas para as viaturas e os camburões.

Praticamente do nada, algumas centenas de pessoas apareceram no Sheridan Park: gays e lésbicas prontos para enfrentar a polícia. Vários de nós pulamos no capô e no teto das viaturas, e começamos a gritar para o prefeito comparecer, senão a coisa ficaria feia. Estávamos prontos para dominar o Greenwich Village.

Saltei da viatura e gritei com toda a força:

— Gay power!

Senti uma alegria profunda no corpo, que encheu meu coração. Pela primeira vez na vida, eu tinha orgulho de ser gay. Meus irmãos e irmãs estavam do meu lado. As pessoas estavam de braços e mãos dadas, gritando palavras de ordem contra a polícia e atirando pedras, cadeiras, garrafas e pedaços de pau. Estávamos em nossa área e iríamos nos impor. Nós tínhamos o poder. Voltamos a gritar, exigindo a presença do prefeito.

— Gay power! Gay power! — a multidão gritava.

Chegaram mais policiais, que desceram das viaturas e cercaram o parque. Um de meus amigos me agarrou e me levou para uma rua próxima, longe da multidão. Enquanto eu seguia pela rua escura aos tropeços, o barulho do tumulto foi diminuindo aos poucos. De repente, eu me senti exausto e amedrontado. Minha respiração estava ofegante. Eu nem conseguia recuperar o fôlego. Tentei me recompor à medida que tentava fugir da batalha. Logo depois, vi que estava a salvo. Meu coração palpitava, mas estava tudo sob controle. A satisfação tomou conta de mim, e eu explodi em risada e alegria. Meu amigo e eu começamos a nos beijar de brincadeira nos ombros, nos abraçamos e, assim, fomos andando pela rua. Eu tinha orgulho de ser quem eu era, e ter participado daquilo preenchia cada célula do meu corpo. Eu era um soldado da liberdade!

Essa noite, que ficou conhecida como a Rebelião de Stonewall, deu luz ao movimento de libertação gay. Mudou o país por completo e boa parte do mundo. Durante três noites, homens e mulheres gays fizeram manifestações do lado de fora do Stonewall Inn. Muitos apareceram vestidos de drag queen como uma forma aberta de demonstrar a homossexualidade, mas, ao contrário do que foi relatado, não havia drag queens na primeira noite. Aliás, nessa noite, gays e lésbicas comuns só queriam levar a vida e tentar se divertir, até a hora em que lhes falaram que isso não seria possível.

Nas semanas seguintes, Nova York se transformou radicalmente. Gays e lésbicas encontraram voz e força, e estavam prontos para se organizar. Nasceram a Frente de

Libertação Gay, a Aliança de Ativistas Gays e, finalmente, a Campanha de Direitos Humanos. Imediatamente, essas organizações começaram a investigar os abusos recorrentes da polícia sobre homossexuais e sobre estabelecimentos cujos proprietários eram homossexuais. Logo, logo, revelaram-se a profundidade do preconceito e a brutalidade da polícia. Apesar de não ser proibido por lei que os bares servissem bebidas a gays, a polícia fazia batidas de rotina nos locais. Ela também fechava bares que permitiam que pessoas do mesmo sexo se beijassem, andassem de mãos dadas ou usassem roupas que remetessem ao sexo oposto. Segundo a polícia, pessoas do mesmo sexo não podiam dançar juntas em lugares públicos, e os bares que permitiam ficavam sujeitos a batidas regulares. Isso é apenas parte das regras amplamente aceitas, embora não escritas, que possibilitavam à polícia anular os direitos de homens e mulheres gays e fechar os locais que frequentavam. Apesar de todos nós sabermos que isso era um fato, sentíamos algo muito distinto quando a informação era trazida à luz do dia. Logo depois começamos a indagar como aceitamos essas coisas por tanto tempo. No que estávamos pensando?

Homossexuais de todo o país e do mundo inteiro passaram por transformações parecidas. A Frente da Libertação Gay pressionou a legislação dos estados e o Congresso norte-americano a fornecer proteção aos homossexuais em todo o território nacional. Organizações parecidas surgiram no Canadá, na Inglaterra, na França, na Alemanha, na Bélgica, na Holanda, na Austrália e na Nova Zelândia. O dia 28 de junho de 1969 mudou o mundo, e me levou junto. De repente, toda a fúria que eu sentia contra mim mesmo passou a ser canalizada externamente por uma causa justa. Alguma coisa se abalou dentro de mim. Não consegui entender de imediato o que era, mas sabia que era diferente. Senti uma nova força, que poderia mudar minha vida.

6

A galinha dos ovos de ouro pousa no El Monaco

Pouco depois do meio-dia do dia 15 de julho de 1969, saí correndo da recepção do hotel para o gramado da entrada, onde dispus vários lençóis brancos na forma de uma grande cruz. Mamãe ficou olhando espantada, à espera de que, a qualquer momento, eu fosse dar início a um evento religioso para atrair fiéis. Ela levou as mãos às bochechas e gritou:

— Ele está fazendo uma cruz no meu gramado? *Oy gettenu*! (Oh, Deus!) E com os lençóis bons! Meus lençóis limpinhos!

Fiquei à espera olhando para o horizonte, quase sem respirar. O céu estava limpo, o sol tinha saído, as expectativas eram boas. Os Earthlight Players, a trupe de atores que eu trouxera para o El Monaco, estavam cantando e dançando ao fundo, celebrando o que pensavam ser a resposta a todas as nossas preces. Para o desespero de mamãe, eles haviam arrancado as roupas e se pintado com batom e lama, aparentemente cedendo a certo tipo de impulso atávico. Para mim, o mundo havia parado; tudo estava imóvel, apesar do caos que me cercava.

— Olha ali! Olha ele ali! — eu disse a mim mesmo. Um ponto, que estava ficando cada vez maior, surgira no horizonte. De repente, como se fosse para comprovar, escutei o barulho inconfundível das hélices do helicóptero. A princípio, o som estava tão indistinto que não era possível distinguir se era um pássaro ou meu coração batendo. Mas agora dava para ver com clareza o contorno do helicóptero e escutar o som de seu chamado. Era como se a cavalaria estivesse a caminho para me salvar. "Ah, traga dinheiro, cavalaria, traga dinheiro!"

Em poucos minutos, a grande aeronave cinza e branca estava flutuando sobre mim, fazendo voar em todas as direções os lençóis e tudo que não estivesse preso. Senti o vento forte produzido pelas hélices, e os gritos de minha mãe foram abafados pelo pulsar ensurdecedor da besta. Até mesmo os atores desnudos do Earthlight se dispersaram com o vento. Eu me afastei e fiquei assistindo, como se estivesse num sonho, ao helicóptero descendo do céu e aterrissando suavemente em frente à nossa recepção.

A porta se abriu e de lá pulou um jovem com cabelos castanhos, longos e encaracolados. Ele vestia um colete, calça jeans e chinelo, mas estava sem camisa.

— Elli, é você? Mike Lang! Que bom ver você, meu chapa — ele disse, estampando no rosto um grande sorriso. Estava com a mão estendida para me cumprimentar e disse: — Quanto tempo!

Fiquei tão abismado que, a princípio, não sabia o que dizer.

✌ ✌ ✌

Naquela manhã, havia lido uma reportagem no jornal local, *The Times Herald-Record*, sobre as boas pessoas de Wallkill — uma comunidade a 80km ao sul — que haviam cancelado a realização do Festival de Artes e Música Woodstock. A câmara de vereadores rescindiu a licença para a realização do show com medo das consequências ao meio ambiente local. O produtor do Woodstock, Mike Lang, havia estimado um público de 50 mil pessoas. Quando os patriarcas de Wallkill imaginaram 50 mil hippies e inúmeros traficantes de drogas chegando àquela pacata cidade, de repente entraram em pânico. "De jeito nenhum", esse era o veredicto oficial.

O *The Times Herald* publicou que os promotores do festival já haviam investido em torno de 2 milhões de dólares em estrutura de palco, equipamento de som, sistema de encanamento e sanitários. Aparentemente, havia cerca de cem caminhões e trailers a caminho de Wallkill levando material e equipamento técnico. Centenas de técnicos estavam à espera. Se os produtores não encontrassem um local alternativo em até 24 horas, o show seria cancelado. E planejavam entrar com um processo para recuperar o investimento.

O show em si não era novidade para mim, pois fora amplamente noticiado nos jornais locais durante meses. E por esse mesmo tempo eu havia lutado contra os fantasmas que me assombravam, principalmente à noite, quando tinha tempo para pensar no fato de que o universo conspirara contra mim mais uma vez e colocara a solução para todos os meus problemas financeiros tão "perto" do meu alcance, digamos, 80km. Eu estava muito triste, devo admitir. Tanto que havia começado a questionar se meu ateísmo estava agindo contra mim. Talvez Deus existisse, talvez Ele e Moisés estivessem morrendo de rir enquanto me balançavam sobre o fogo.

— Prepara esse pé para dar um chute e achatar esse traseiro, Moisés.

Mas, de repente, parecia que tudo aquilo poderia mudar. O Festival de Artes e Música precisava de um lar e de uma licença. "Tenho a licença", pensei comigo. "E posso garantir um lugar para o evento." Meu cérebro maquinava com a criatividade anteriormente reservada a atos sexuais imaginativos e noites românticas no Moulin Rouge e nas boates sadomasoquistas de Nova York. A oportunidade estava batendo à porta do meu hotel. "Meu Deus! A gente pode sediar esse troço!"

Eu estava sentado com alguns membros da trupe Earthlight na recepção, e quando acabei de ler a matéria no jornal, peguei o telefone e liguei para Michael Lang.

— Você conhece Michael? — a voz do outro lado da linha perguntou.

— Não. Eu não o conheço nem ele me conhece — respondi. — Sou presidente da Câmara de Comércio de Bethel e proprietário do Resort Internacional El Monaco, em White Lake. Tenho uma licença válida para a realização de festivais de artes e música, além de 15 acres de terra para o Woodstock. Imediatamente, se não para ontem.

O telefone ficou mudo. Foi, então, que me dei conta de que os atores da Earthlight estavam ali a meu lado tendo tremeliques. De repente, Mike Lang começou a falar no telefone.

— Onde é que você está, baby? — ele perguntou.

— Qual é o lance?

— Rodovia 17B. White Lake. Estou a uns 80km ao norte de onde você está.

— Você tem um gramado aí? — ele perguntou.

— Tenho, sim. Um gramado grande.

— Você tem lençóis brancos aí?

— O quê? Mas é claro que tem lençol. Isso aqui é um hotel.

— Então coloca os lençóis brancos em forma de cruz no gramado, baby. Vamos chegar aí em 15 minutos. Estou aqui olhando no mapa. Tem algum ponto de referência? Uma placa? Algo possível de identificação se visto do céu?

Murmurei alguma coisa sobre a placa do El Monaco, a interseção da rodovia 55 e a Panquequeria Yenta.

— Estamos a caminho, baby — disse Mike Lang, e desligou.

Eu havia passado anos esperando que algo de importante acontecesse, e lá estava eu tremendo como vara verde. Desliguei o telefone e recebi cumprimentos espontâneos dos Earthlight Players, que estavam ali escutando cada palavra da conversa. Se um grande show estava a caminho de White Lake, então tinha de haver algo de bom nisso para uma trupe de atores também, raciocinaram. Eles me cercaram e ficaram pulando.

— A gente sabia que você ia conseguir, Elliot — um deles disse. — Você é o cara!

E, assim, eles correram para o gramado e começaram a dançar em comemoração. Então fizeram a única coisa que podiam imaginar para dar as boas-vindas calorosas a Mike Lang: arrancaram as roupas e se colocaram a dançar como vieram ao mundo. Enquanto dançavam, passavam no corpo batom e lama, e pintavam sinais de paz e palavras de amor pelo corpo.

A galinha dos ovos de ouro pousa no El Monaco

Ignorando o caos, peguei os lençóis no armário da recepção e corri para o gramado, onde os organizei no formato de cruz, seguindo a recomendação.

Quando o helicóptero estava sobrevoando a área, fazendo voar o que estivesse no meio do caminho, parei para pensar que esse tipo de chegada era reservada a heróis míticos. Uma pessoa comum não pede um helicóptero para transportá-la por alguns quilômetros dentro do estado de Nova York. Não, nem mesmo o próprio Homero poderia ter pensado em algo tão elaborado tampouco apropriado para aquele homem que saiu de dentro do helicóptero e estava caminhando em minha direção.

Bem atrás de Mike, vinha uma jovem pequena. Logo depois descobri que era a assistente de Lang, Penny. Ela levava nos braços um pequenino yorkshire terrier que parecia estar em casa em meio àquele furdunço. E, logo atrás de Penny, surgiram dois homens muito alinhados, que nem fizeram questão de se apresentar. Os três se aproximaram, com Lang na frente, que já estava com a mão estendida.

Após a saudação inicial, Mike Lang disse:

— Você não se lembra de mim, Elli? — Fiquei perplexo por um instante, pois só meus familiares me chamavam assim.

— A gente se conhece? — perguntei.

— Bensonhurst! Seventy-Third Street — falou Lang.

— A gente cresceu junto! Eu vivia do outro lado da rua. A gente batia bola junto. Sou Mike Lang — ele disse mais uma vez. — Você é Elli Teichberg.

Algum tempo depois, Mike Lang acabou sendo descrito como um ser cósmico, mas não de muito longe. Além dos cabelos cheios de cachos, que chegavam aos ombros, ele tinha olhos redondos, grandes e bem iluminados, bochechas redondas com covinhas e uma boca grande que se curvava quando sorria, como se ele estivesse sempre se divertindo.

Tinha uma coisa no Mike que fazia dele tanto brincalhão quanto cruelmente sério. De acordo com sua aparência apenas, ele era um hippie. Ainda assim, eu não podia negar que ele tinha certa sobriedade, como um homem que era mais do que aparentava ser.

Quanto a mim, eu não conseguia me lembrar de Mike Lang, muito menos de bater bola. Mais misterioso ainda era como ele conectou Elliot Tiber, o nome que eu lhe dera a Eliyahu Teichberg, de Bensonhurst, principalmente porque eu não havia mencionado Teichberg nem Bensonhurst. E como ele conseguira isso num espaço de tempo de 15 minutos?

Nós nos dirigimos a meu bar — os Earthlight Players continuavam dançando à nossa volta —, e Lang pediu para ver a licença do festival. Eu lhe entreguei o documento, que atestava que Elliot Tiber, do hotel El Monaco, recebera permissão da Câmara de Comércio de Bethel para realizar um festival de artes e música em White Lake durante o ano de 1969. Eu lhe disse que era presidente da Câmara de Comércio de Bethel e que garantia, com toda satisfação, a cooperação da comunidade comercial local para que não houvesse repeteco da tragédia que fora a negação da licença em Wallkill.

— Parece estar tudo certo — Lang disse. — Vamos dar uma olhada no terreno.

Quando saímos do bar, três limusines grandes chegaram com mais gente do Woodstock, inclusive Stan Goldstein, o chefe de segurança do festival. Goldstein era um cara sério — alto e delgado, com cabelos escuros, pele escura e olhos céticos. Ele não sorriu ao me apertar a mão.

Acompanhei Lang e todo o grupo pelos 15 acres de terreno alagado. Passamos pelo Teatro-Celeiro Verão em White Lake, pela fossa e por algumas dezenas de atores nus da trupe Earthlight Players, sendo que alguns deles haviam dançado em volta do helicóptero. Mamãe tentava cobri-los, mas eles recusavam as *shmattas* (mantas). Como era de se esperar, mamãe tentou alugar cadeiras a pessoas que por ali pararam para testemunhar a comoção e ver os doidos dos dançarinos pelados.

— Estão ensaiando para a apresentação de dança — mamãe dizia. — O que está achando, querido? Que eles dançam de graça?

O solo estava encharcado. Começamos a passar pelas placas de minha autoria, que estavam por todas as partes da propriedade. Caminhamos pela ala Jerry Lewis e depois pela ala presidencial, que anteriormente se chamava ala Moulin Rouge. As pessoas olhavam as placas, mas não falavam nada.

De uma hora para a outra, o tempo mudou, ficou nublado e frio. Porém, eu suava demasiadamente. Lang tinha parado de rir, e eu tomei isso como um sinal ruim. Goldstein também não parecia feliz.

Passamos pelos bangalôs degradados e adentramos o pântano. Apareceu mais uma placa: "Cabana e Clube de Sinuca Sapato de Camurça Azul* do Elvis Presley. Só para convidados. Intrusos pegarão prisão perpétua, a menos que paguem a taxa diária de 5 dólares a Sonia, a Sábia da Sinuca."

Nem ousei olhá-los nos olhos. Não me restavam dúvidas de que me achavam um doido varrido. Por outro lado, eles não saíram correndo. Estavam desesperados. Eu estava desesperado. Era um casamento arranjado.

— Não tem espaço ao ar livre aqui? — o santo do Lang perguntou.

— Tem área descampada mais à frente — expliquei, tentando manter o otimismo.

O pessoal do Woodstock seguia atrás de mim, mas, a cada passo, os rostos revelavam uma nova expressão de decepção. Deviam estar achando que eu era um golpista da Flórida tentando vender terreno alagado. Alguns começaram a cochichar. Até mesmo o yorkshire terrier parecia apavorado.

---

* *Sapato de camurça azul*: tradução da composição "Blue Suede Shoes", de Carl Perkins, também interpretada por Elvis Presley. (*N. da T.*)

Passamos por mais placas, dentre elas a de "Cabine de Informação Cultural Internacional". Passamos por mais prédios, dentre eles o Hollywood Palm Plaza, que era a construção quase em destroços na qual os Earthlight Players estavam hospedados. Enquanto caminhávamos, comecei a acreditar que os bangalôs em péssimo estado, o terreno alagado e as placas malucas estragariam o negócio. Se isso acontecesse, eu queimaria toda a propriedade e ficaria muito feliz ao ser preso por incêndio criminoso.

Finalmente, chegamos a 6m do local. Estava aliviado porque havia terminado a orgia de placas. Não havia como explicar àqueles estranhos, que eu esperava serem meus salvadores, que a terapia das placas era uma das coisas que me ajudava a sobreviver enquanto esperava pelo dia em que, de repente, caíssem do céu, exatamente como eu havia sonhado.

Havia meses que eu não ia àquela parte do complexo. Portanto, a placa enorme que estava amarrada em dois pinheiros e balançava como uma rede (com a inclusão de folhas de palmeira sintéticas que eu havia roubado da Lord & Taylor) me chocou ainda mais: "Em breve, neste local: Centro de Convenções de duzentos andares, cassino, spa e estacionamento para 2 mil carros."

Minha fragilidade estava ali exposta. Só me restava continuar andando e fingir que eu estava momentaneamente invisível. Pensei que levaria anos até chegarmos ao local, mas finalmente chegamos à área alagada.

Todos tentaram manter a pose enquanto adentrávamos aquele terreno encharcado, que era, de tantas formas, o verdadeiro alicerce do El Monaco Motel.

Lang se virou para Goldstein e disse:

— Será que dá pra trazer umas dez escavadoras pra nivelar o terreno? Ele tem a licença! É o proprietário do terreno. É o presidente da Câmara de Comércio!

Goldstein imediatamente vetou a ideia. Era impossível drenar o terreno. Simplesmente não havia tempo suficiente para prepará-lo.

Ao fundo, dava para ouvir mais cochichos, e o tom não era bom. Eu estava vendo que tudo estava desmoronado bem ali na minha frente. Sabia que essa era minha última chance de salvar o hotel e a mim mesmo da maldição eterna em White Lake.

Entrei em pânico e fiz vários comentários, como: pendurar um ginásio através de ganchos e encher todo o El Monaco de cimento, pois estaria seco nas vésperas do festival. Eu talvez tenha cruzado a linha tênue da sanidade quando falei que podiam implodir o local e realizar o concerto sobre os destroços.

De repente, tive uma ideia. E a fazenda do Max Yasgur?

— Ei, Mike. Tenho um vizinho que tem uma vasta área ao ar livre. Ele tem uma fazenda de centenas de acres.

— Onde? Quem? — ele perguntou.

— Fica logo ali na frente — respondi. — É ele quem me fornece leite e queijo. Ele se chama Max Yasgur e produz o melhor queijo cottage e o melhor leite do país. É um cara muito bacana. Quem sabe ele não aluga a fazenda... Lá só tem um monte de gado pastando. Tem espaço de sobra para sediar um show. Aliás, o relevo da terra em certos lugares cria um anfiteatro natural. Vou ligar pra ele.

Estávamos voltando para o bar para eu fazer a ligação. Lang e Goldstein estavam tranquilos, e eu tentava parecer tranquilo também. Mas, de repente, tirei a máscara e corri pelo pântano como um medalhista olímpico, passei pela trupe de teatro nua, pela fossa e fui direto ao único telefone que funcionava.

Já no telefone, lembrei Max como ele adorava meus festivais de música e como ele me ajudara.

— Se for possível realizar o festival de música na sua fazenda, Max, não vou precisar entregar o El Monaco ao banco, e meus pais não vão ter de ir parar em Miami Beach. Quem sabe dá até para triplicar meus pedidos de leite e sour cream. Max? Diga que você topa.

— Claro, Elliot — Max disse. — Agosto é muito tranquilo por aqui. E você me conhece, eu adoro música. Venha aqui com seus amigos para a gente conversar.

Eu peguei o Buick, e Mike Lang e seu séquito pegaram suas limusines e me seguiram até a fazenda de Max. No caminho, o céu abriu de novo.

Mike Lang, Goldstein e todo o grupo ficaram boquiabertos ao ver a enorme área da fazenda de Max Yasgur, com todas aquelas colinas e o anfiteatro natural.

Aconteceu em Woodstock

Era um lugar paradisíaco, não restavam dúvidas, e perfeito para um show.

Levei Mike e Goldstein ao mercadinho de Max Yasgur, que ficava próximo à fazenda. Lá, fiz as apresentações.

— Max, essas pessoas precisam do local para um show de três dias — eu disse. — Precisamos começar amanhã porque o festival está marcado para os dias 15, 16 e 17 de agosto. Tem muita coisa a se fazer em muito pouco tempo. Está bem?

Max tinha 49 anos, mas parecia mais velho. Sua cabeça tinha um formato oval, com pouquíssimo cabelo em cima, e ele usava óculos fundo de garrafa com armação grossa. Tinha olhos pequenos, um nariz igual ao do Jimmy Durante, boca grande e orelhas meio de abano. Sua pele era bronzeada, após décadas preparando a terra debaixo do sol. Seu corpo era forte e resistente, de tanto trabalho duro. Sua presença causava um impacto sábio e gentil. Aliás, Max era um *mensch* (uma pessoa boa) e revelava isso. Mas não era bobo.

— Pens bem, Max. Você teria exclusividade no fornecimento de leite, queijo e iogurte para 10 mil amantes de música! — eu disse. Max balançou a cabeça, concordando, e sorriu, talvez por causa do meu esforço desesperado para convencê-lo da grande sorte que lhe batera à porta. Nesse momento, eu me virei e olhei para Lang, cujo sorriso iluminara todo recinto. Eu derreti. Meus pés não me aguentariam mais se eu não tomasse o famoso leite achocolatado de Max. Mas fiquei tranquilo. Eu parecia tranquilo. Eu parecia bacana. Está bem, eu não parecia bacana. Lang, com aquela juba cacheada, já era bacana o bastante por todos nós.

Resolvemos ir ao restaurante italiano DeLeo's, que ficava no lago, bem em frente ao El Monaco, para almoçar e discutir os detalhes. Eu sabia que não podia servir-lhes o ensopado da mamãe nos pratos de papel que compramos de uma fábrica que estava fechando as portas. Aquele não era o melhor momento para revelar as instalações e a equipe do hotel.

A caminho do restaurante, pensei nas minhas opções se o negócio não deslanchasse. A primeira coisa a se fazer era incendiar o hotel, isso já estava certo. Depois eu fugiria para o México ou me tornaria escravo sexual em Bangkok, ou começaria uma nova vida junto aos beduínos das dunas do Saara. Também decidi punir Deus e toda a raça judaica ao envolver os *tallis* e *tefillin* do meu bar mitzvah, que são, respectivamente, xales de oração e caixas de couro contendo passagens da escritura, em vários tipos de atos sexuais, que ainda seriam determinados. Rezei para o Deus em que eu não acreditava. "Poxa, não me abandone agora." À oração, seguiram-se ameaças de sacrilégios ainda maiores, nos quais eu pensaria com o passar do tempo.

Quando chegamos ao restaurante e nos sentamos, Max falou, com toda a eloquência, das minhas muitas contribuições a White Lake, incluindo os festivais de música, as exposições de artes, as apresentações de teatro e as seleções de música clássica. A última contribuição veio de meu gravador Webco, em vez de apresentar músicos que soubessem tocar instrumentos. Porém, Max, cavalheiro como ele só, negligenciou a menção desse fato.

— Vocês têm sorte de ter o Elliot ao lado de vocês — disse Max. — Ele trouxe sozinho tudo de música e artes que existe em White Lake. É um grande rapaz. A mãe dele é uma senhora muito boa. O pai dele consertou o telhado do celeiro lá da fazenda, e nunca mais apareceu nenhuma goteira.

Enquanto Max continuava falando, Mike Lang era só sorrisos. Ele parecia ser completamente autêntico. Não estava apressando as coisas nem pressionando Max para que desse um valor. Muito pelo contrário, ele estava relaxado, tranquilo, de boa... Ouso dizer que estava até muito respeitoso.

Enfim, Max tocou no assunto de dinheiro.

— Elliot, eu sei que você e sua família dão um duro danado para manter os negócios — Max disse, depois fez uma pausa momentânea e ficou pensando. — Está bom 50 dólares por dia, no total de três dias?

"Como é que ele foi pensar nessa quantia?", eu me perguntei. Talvez ele tenha olhado para Mike, que não estava de camisa nem de sapato, e concluiu que o cara era duro. E, é claro, Mike estava comigo, o que não ajudava a melhorar sua imagem. Como Max dissera, meu destino estava por um fio. Será que Max estava pensando que eu precisava de mais um ato de generosidade?

— Claro, Max — Mike respondeu, sem nunca deixar de estampar aquele sorrisão. — Assim está bom. — E, assim, Max e Mike selaram o acordo com um aperto de mão — e eu quase desmaiei de susto. A maldição dos Teichberg não estragara a negociação, apesar de estarmos comendo *traife* (comida não kosher). Por outro lado, ainda não havíamos saído do restaurante.

Pagamos a conta e, ao passar pela caixa registradora perto da porta, ouvimos as notícias de White Lake pelo rádio.

— Últimas notícias — dizia o radialista. — Mike Lang, produtor do Festival Woodstock, está reunido no Restaurante DeLeo's, em White Lake, com Elliot Tiber, do hotel El Monaco, e Max Yasgur, da Yasgur Laticínios. Estão discutindo os planos para trazer o Woodstock aqui para White Lake.

Nós três trocamos olhares. Max sorriu. Mike sorriu. Eu tentei sorrir, mas, ao mesmo tempo, queria voltar para a mesa e pegar de volta a gorjeta que havíamos deixado para a garçonete, que obviamente vazou a história. Então, fiquei com medo de verdade de que Max pulasse fora.

Max entrou na caminhonete e deu partida. Quando ele se foi, garanti a Mike que havia outros fazendeiros que cederiam suas terras se Max desistisse.

— Não se preocupe — disse Mike. — Está tudo tranquilo.

Assim que voltamos para o El Monaco, o telefone tocou. Quando ouvi a voz de Max do outro lado da linha, meu coração disparou de medo. Max disse ter feito algumas ligações e ter descoberto que o festival atrairia um público entre 15 a 20 mil pessoas. Ele me garantiu que adoraria sediar o festival, mas agora queria 5 mil dólares por dia.

— Haverá custos para reparar a fazenda depois de ser pisoteada por 15 mil pessoas, Elliot — Max disse. — Não se preocupe, Elliot. Não vou estragar o festival. Eu prometo.

Não era uma questão de promessa. Eu gostava muito do Max, mas ele não sabia que nós dois havíamos unido forças contra a maldição dos Teichberg, que estava fazendo serão para destruir todo o meu projeto.

Transmiti as novas exigências de Max a Mike, que continuava sorrindo.

— Sem problema, tranquilo — Mike falou. — Não vou morrer por causa disso. Tenho de conversar com algumas pessoas, mas vai dar certo — concluiu.

Na manhã seguinte, a maldição dos Teichberg pulou da cama. A estação de rádio e os jornais locais noticiaram que 50 mil ingressos já haviam sido vendidos para o festival. Especulava-se sobre os estragos que ocorreriam na comunidade se toda essa gente fosse a um show de rock.

Exatamente como eu esperava, Max me ligou e aumentou o preço de novo, dessa vez para 50 mil dólares pelos três dias. Ele também exigiu serviços adicionais, como limpeza, postos médicos e seguro. Em 1969, 50 mil dólares valiam quase 500 mil dólares hoje.

Quase desmaiei, resultado de uma combinação de medo e tristeza. Tinha certeza de que tudo estava perdido. A maldição dos Teichberg me levara a meu limite e estava prestes a me mandar para o espaço. Quando transmiti a Mike Lang as últimas exigências de Max, Mike disse:

— Está bem. Está bem. Por que você está tão preocupado? Poxa, baby! Seja o que for, não tem problema. A gente vai resolver.

E ele resolveu. Naquele dia, senti um misto de terror e admiração enquanto Mike e Max discutiam os detalhes finais do acordo e assinavam o contrato segundo o qual o Festival de Artes e Música Woodstock seria realizado na fazenda de Max Yasgur. Eu nunca havia visto um negociante como Mike Lang. No ramo do marketing em que eu me havia inserido, os figurões de terno, computando grandes cifras na Macy's e na Bloomingdale's, não eram nada perto da luz de neon rosa-shocking de Mike Lang. Ele conhecia bem os valores, as exigências às quais podia ceder e as concessões que não podia fazer. O tempo todo, ele não demonstrou impaciência nem estar sendo pressionado. Só transmitia tranquilidade. Quando Max e Mike deram um aperto de mão, tive vontade de dar um beijo em cada um, de gratidão, sem sombra de dúvida, mas também de grande alívio.

Naquela noite, a notícia vazou para os jornais, estações de rádio e canais de televisão. Era oficial: o Festival de Artes e Música Woodstock fora transferido de Wallkill para Bethel. O show iria continuar. A maldição dos Teichberg fora vencida.

7

E o mundo é criado novamente

Na manhã seguinte, no dia 16 de julho, peguei o carro e fui à Lanchonete do Newman, em Bethel, comer meu prato preferido do cardápio: bacon e salada de ovos com torrada. Ainda meio grogue devido aos episódios do dia anterior, fiz o pedido e peguei o jornal local sem prestar atenção ao que acontecia à minha volta, até perceber que todos não paravam de olhar para mim, e muitas dessas pessoas pareciam chocadas.

Desviei meu olhar para o jornal, que continha o seguinte anúncio, ocupando uma página inteira: "Para garantir três dias de paz e música, saímos de Wallkill e agora estamos em White Lake, no estado de Nova York." O anúncio explicava que desavenças políticas haviam forçado o deslocamento para White Lake, mas afirmava que o novo local oferecia o dobro de espaço, ou seja, mais pessoas poderiam participar do festival. E finalizava com: "Nos vemos em White Lake para a primeira Exposição Aquariana" — nome original do festival — "nos dias 15, 16 e 17 de agosto."

Minhas mãos tremiam segurando o jornal. Olhei para a massa de pessoas e, como era de se esperar, um homem furioso começou a gritar comigo:

— Foi você que fez isso, Teichberg! Quem precisa desse bando de pervertidos e drogados? Nós vamos acabar com você. E não se preocupe, seu hotel não vai durar muito mais tempo.

De repente, houve uma explosão de vozes na lanchonete. Xingamentos e ameaças foram proferidos contra mim com selvageria. Ao mesmo tempo, poucas vozes dissonantes se pronunciaram a meu favor. Um pouco desconcertado, voltei os olhos de novo para o jornal, quase absorto daquela desordem que havia se estabelecido, e me dei conta de que eu havia aproveitado a melhor oportunidade da minha vida e que todo o resto — inclusive aqueles tagarelas histéricos — era apenas um coro grego.

Essa constatação causou em mim uma espécie de nirvana, que tomou conta do meu ser. Sem demonstrar medo algum, paguei a conta e saí rumo ao meu Buick,

E o mundo é criado novamente

envolto pelo bando de caluniadores e de defensores, igual a um furacão girando em torno de seu olho. Houve quem reclamasse com lamentos e ameaças à minha pessoa.

— Seu judeu desgraçado! Você acha que nós vamos ficar quietos e deixar você destruir nossa cidade? Vamos botar você e todos esses hippies sujos pra correr antes que o festival aconteça.

No entanto, nem todo mundo me via como um homem do mal. Esther Miller, uma senhora na casa dos 70 — ou dos 90, eu nunca soube ao certo —, estava caminhando a meu lado. Esther, uma velhinha enrugada de cabelos brancos, era dona de um hotel velho e decadente que ficava naquele quarteirão e possuía trinta quartos, sendo que pouquíssimos eram ocupados na alta temporada.

— Hoje de manhã, Elliot, todos os quartos do meu hotel foram reservados. Obrigada. Tudo graças a você.

E, assim, ela se virou para a multidão e gritou:

— Destruir nossa cidade? O Elliot nos salvou, seus bobões!

Al Hicks, dono de uma mercearia local, me deu um aperto de mão e disse:

— É a primeira coisa boa que acontece aqui nos últimos cinquenta anos.

Mas o otimismo não tomou conta dos caluniadores.

— Você sabe o que 50 mil hippies vão fazer com essa cidade? — um homem gritou. — Vão arrasar com tudo.

Vão estar drogados, assaltar as pessoas durante o dia e roubar o gado à noite.

Abri a porta do Buick e me sentei no banco do motorista, com aquele bando ainda gritando na minha cabeça. Eles batiam na janela do carro, e muitos não paravam de repetir:

— Vamos acabar com você e com os malucos dos seus pais. Ouviu bem, Teichberg? Ouviu bem?

Eis uma boa pergunta. Uma parte de mim estava, com toda cautela, registrando os fatos, enquanto outra estava alimentando sonhos. Finalmente, mais de uma década repleta de esperanças estava prestes a se tornar realidade. Eu vivia numa cidade turística que não tinha turistas nem atrativos. Bethel só merece fama devido a uma página de sua história: serviu como cemitério da máfia. Na década de 1920, os chefões matavam ex-comparsas no Queens e no Brooklyn, conduziam pela rodovia estadual de Nova York por duas horas e desovavam os corpos em White Lake, onde nunca seriam encontrados. Era nesse local que tanto os vivos quantos os mortos desapareciam. E agora a cidade seria ressuscitada pela maior festa do mundo.

Mas eu também tinha uma vaga ideia de que ligar para Mike Lang e realmente levar o show para Bethel era uma atitude que não condizia com minha personalidade. De repente, atingi um novo nível de atuação. Sim, eu organizava pequenos festivais de música, mas eles estavam fora do alcance do radar do grande público — totalmente fora, eram quase invisíveis. Os grandes realizadores — Mark Rothko, Tennessee Williams e Truman Capote, por exemplo — pertenciam a outro universo. Eu não era como eles. "O que mudou?", indaguei. Foi a noite no Stonewall? Foi o fato de que, num evento inédito e mais profundo, ao descobrir minha ira e minha coragem, eu havia me assumido? Ficou claro que eu já não me escondia tanto naquela época, e talvez isso estivesse surtindo um efeito maior em mim do que imaginava.

Obviamente, minhas dúvidas nunca estiveram distantes de minha consciência. No trajeto de volta ao hotel, o falatório se dissipou um pouco, e comecei a me dar conta da barbaridade do incidente na lanchonete. Talvez toda aquela gente tivesse razão. Talvez a situação pudesse ficar feia mesmo. White Lake nunca havia visto 50 mil pessoas, e esse público enorme era garantia quase certa de problema. O que aconteceria se houvesse um tumulto generalizado?

Ainda bem que não tive tempo para entrar em pânico. Assim que estacionei o Buick na minha vaga, vi que não havia mais volta. O estacionamento estava lotado de carros, limusines e caminhões de carga; e mais veículos chegavam junto comigo. Mike Lang havia convocado seu exército, que marchava com todo o vigor. O grande número de carros e caminhões estacionados no hotel era empolgante, mas também assustava um pouco. O estacionamento nunca estivera cheio até então e tive uma revelação que veio como um saco de cimento em queda livre. "Essa coisa tem vida própria e é poderosa demais para eu controlar."

E então tive uma visão de pura coragem e alegria. Bem no meio do estacionamento, em meio a todo aquele caos, estava papai, ereto como toureiro destemido, guiando o fluxo de carro para diversas partes da propriedade. Aquelas mãos fortes de telhador primeiro apontaram para uma direção e depois para outra. Ele estava dando ordens a caminhões enormes e a carros de luxo como se fossem funcionários dele. Vestindo o mesmo velho macacão, que, como sempre, tinha manchas de piche, e uma camisa de manga curta que revelava seus braços fortes, ele de repente passou de operário braçal a rei. Dava para ver que era seu dia de glória. Depois de uma vida de frustração e fracasso, ele estava pronto para o grande baile, e não lhe importavam as dificuldades a serem enfrentadas. Era como um grito de glória para ele. "Talvez o último", pensei, já que sua saúde estava debilitada. E ele tinha coragem para coordenar aquilo feito homem.

Dentro da pequena recepção, mamãe atendia o telefone com toda a firmeza de uma atriz frustrada que finalmente encontrara a fama. O telefone não parava de tocar para reservas. Mamãe preenchia os formulários, que nunca haviam sido usados. Enquanto isso, ela enchia a pessoa de perguntas com aquela intimidade que lhe era costumeira.

— Querido, a gente não trabalha com cartão de crédito... Não fazemos reserva de quarto com ar-condicionado... Alguns quartos têm água corrente, outros, não... Ouça, querido, não é uma boa hora pra conversar... Você chega aqui, a gente arruma um lugar para você, está bem? Não, não envie cheque nenhum... Mande dinheiro vivo. Quanto? Envie duzentos e a gente resolve aqui.

Assim que ela desligou, o telefone tocou de novo. Eu atendi, desliguei na cara da pessoa, passei o telefone para Mike Lang e lhe disse:

— Pode desligar qualquer chamada que atrapalhe seu número de malabarismo para realizar a instalação da fiação, Mike.

Lang fez algumas ligações e, em poucas horas, a empresa de telefonia enviou um pequeno exército de caminhões e técnicos ao local para instalar o sistema de telefonia de que ele e seu pessoal precisavam. Também foram instalados um telefone público e uma cabine na propriedade, algo que eu estava pedindo havia mais de três anos e nunca havia sido atendido.

Do lado de fora do escritório, a equipe do Woodstock, formada por umas cem pessoas, dentre elas técnicos, responsáveis pela alimentação e pela limpeza, já estavam tentando se acomodar no hotel. E havia mais gente a caminho.

Pela primeira vez na vida, todos os quartos do El Monaco estavam reservados. Mamãe ficou na recepção recebendo dinheiro e entregando as chaves, embora nenhuma servisse nas fechaduras.

— Você tenta, querido — dizia ela às pessoas. — Pode ser que funcione, pode ser que não funcione. Vai saber... — E, assim, ela despachava os hóspedes.

"Não há vagas." Esse passou a ser nosso estado permanente.

Enquanto isso, helicópteros continuavam indo e vindo. Eu aboli o uso de lençóis, já que se tornaram um item valioso, e criei um espaço de pouso delimitado por pedras calcárias e tábuas. Logo, logo, um desfile de limusines, Porsches, Corvettes e motocicletas — todos trazendo membros da organização do Woodstock — começou a chegar à cidade. White Lake não via carros de luxo desde os anos 1920, quando contrabandistas e chefes da máfia frequentavam a cidade com certa regularidade.

※ ※ ※

Mais tarde naquele dia, Mike Lang me chamou para conversar no bar sobre a hospedagem de toda a equipe do Woodstock. Quando cheguei, Lang já estava lá, sentado a uma mesa comprida com Stan Goldstein, chefe de segurança do festival. Havia também dois homens que eu não conhecia e alguns assistentes de Lang.

Mike se levantou para nos apresentar.

— Elliot, esses são os meus sócios, John Roberts e Joel Rosenman. — Ambos sorriram e me deram um aperto de mão.

John Roberts, na época com 26 anos, ostentava uma expressão alegre com um grande sorriso, tinha cabelos castanhos e era adepto de um visual almofadinha. Não parecia que havia sido hippie no passado. Com toda certeza, ele não era hippie agora. Apesar de jovem, era maduro e também um pouco reservado. Eu já tinha lido sobre ele no jornal e sabia que representava o dinheiro que bancava o festival. Herdeiro de uma drogaria e de uma fortuna proveniente de fábricas de pasta de dente, Robert se formou pela University of Pennsylvania e foi tenente do exército.

Já Joel Rosenman me impressionou instantaneamente. Ele tinha cabelos e olhos escuros, um nariz protuberante, um sorriso largo e um bigode grande, que me lembrava um pouco um bandoleiro mexicano. Igual a Roberts, Rosenman frequentara a Ivy League[*] e se formara em Yale. Foi criado no estado de Long Island, e seu pai era um ortodontista renomado. Quando criança, aprendeu a tocar violão e, após deixar Yale, percorreu o país em turnê com uma banda de rock. Nesse processo, a imagem de almofadinha foi substituída pela de guitarrista arrojado, mas, para mim, ele continuava representando dinheiro e poder.

---

[*] A Ivy League compreende oito instituições particulares de ensino superior do nordeste dos Estados Unidos, dentre elas Harvard University, University of Pennsylvania, Yale e Columbia University. (*N. da T.*)

— Li sobre vocês no jornal — eu disse. — Então é esse o programa de televisão que vocês finalmente conseguiram criar? — Todo mundo riu e relaxou um pouco.

Roberts e Rosenman se conheceram num campo de golfe no outono de 1966 e, um ano depois, já dividiam um apartamento em Manhattan. Nenhum dos dois tinha ideia do que queria fazer da vida, mas Roberts podia bancar qualquer coisa que parecesse valer a pena. Em 1968, resolveram criar um programa de televisão sobre dois homens "com mais dinheiro do que cérebro", segundo o próprio Rosenman. A cada semana, os dois personagens empreenderiam um novo negócio, fariam uma bagunça danada e seriam salvos da própria incompetência na última hora. Era um programa que tinha a ver comigo; eu poderia até mesmo estrelá-lo.

A fim de receber ideias para o programa, eles colocaram anúncios no *The Wall Street Journal* e no *The New York Times*, com um discurso singular: "Jovens com capital ilimitado procuram oportunidades de investimento legítimas e interessantes e propostas de negócios." Chegaram-lhes milhares de respostas, e uma delas era um projeto para fazer bolas de golfe biodegradáveis.

— É claro que o programa também tem raízes autobiográficas — disse Rosenman. — Meio que nos tornamos personagens do nosso próprio programa.

Duas dessas pessoas que abordaram Roberts e Rosenman foram Artie Kornfeld e Mike Lang. Kornfeld, então com 25 anos, era vice-presidente da Capitol Records —

ele conseguiu o cargo com apenas 21 anos e se tornou o vice-presidente mais jovem da história da empresa. Era famoso por fumar haxixe em sua sala e por ter composto trinta hits de sucesso, como *Dead Man's Curve*, para Jan & Dean, e *The Pied Piper*, que ficou em primeiro lugar nas paradas, para Crispian St. Peters, em 1964. Como era um figurão da indústria fonográfica, Kornfeld tinha contato com quase todas as bandas de rock de sucesso.

Mike Lang deixou o Brooklyn ainda adolescente e foi para a Flórida, onde abriu uma loja especializada em vender artigos e utensílios para o consumo de drogas. Depois, ele produziu um dos maiores shows de rock da história: um evento de dois dias conhecido como Miami Pop Festival, que atraiu 40 mil pessoas. Além do trabalho como promoter, Lang foi empresário de uma banda chamada Train, para quem tentou conseguir um contrato com uma gravadora. Ele viu em Kornfeld a chance de lançar a banda.

É engraçado. Mike adotou a mesma abordagem com Kornfeld, alguém que ele não conhecia, que adotou comigo. Kornfeld foi criado em Bensonhurst, como Mike e eu, e, quando Mike foi marcar uma reunião com ele, mandou a secretária dizer ao chefe que Lang "também era do bairro". Os dois se conheceram e na mesma hora se entenderam. Era quase impossível resistir ao charme angelical de Mike Lang e não demorou muito para ele ir morar com Kornfeld e a esposa, Linda, no apartamento do casal, em Nova York.

Lang e Kornfeld me explicaram que tinham a ideia de realizar um show de rock e um evento cultural gigantescos na cidade de Woodstock, no estado de Nova York. Eles escolheram Woodstock porque vários músicos famosos, como Bob Dylan, Jimi Hendrix, The Band, Janis Joplin e Van Morrison, se mudaram para o local como parte do movimento de volta a terra*. Lang e Kornfeld queriam criar um estúdio de ponta para gravar esses artistas da região de Woodstock, dentre outros.

Os dois se reuniram com Roberts e Rosenman, que, posteriormente, disseram que o show havia sido ideia deles, e não de Lang e Kornfeld. Segundo Roberts, Lang e Kornfeld queriam montar um estúdio de gravação que seria mantido por festas beneficentes. Roberts e Rosenman é que tiveram a ideia e a colocaram em prática. Seja lá qual for a verdade, os quatro uniram suas forças e criaram uma empresa chamada Woodstock Ventures, Inc.

Lang queria que o festival se chamasse "Exposição Aquariana", mas o evento acabou sendo batizado com o nome da empresa. Portanto, acabaram batizando o festival de Woodstock, gerando grande confusão sobre o local em que seria realizado.

Os rapazes percorreram um caminho repleto de obstáculos. Os poderosos da cidade voltaram atrás quando viram o que 50 mil pessoas poderiam causar ao vilarejo.

---

* *Back-to-the-land movement*: fenômeno social ocorrido nos Estados Unidos nas décadas de 1960 e 1970, representado pela migração de gente da cidade para o campo. (*N. da T.*)

Além disso, também não gostaram do slogan — "três dias de música e paz" —, pois acreditavam que atrairia manifestantes antiguerra. As quatro mentes criadoras do Woodstock temiam pelo pior. Certamente, as cidades vizinhas impediriam qualquer tentativa de sediar o show pelos mesmos motivos. Foi então que entrei em cena e dei um lar ao festival.

E, agora, três dos quatro mosqueteiros estavam sentados na minha frente. Roberts e Rosenman queriam me conhecer, creio que para garantir que a grande festa seria realizada. Até então, estava rolando uma energia boa.

Mamãe nos serviu o ensopado típico da culinária judaica e começou aquele falatório de matriarca judia, em que ela explicava que as mães judias não descansavam até que todos estivessem alimentados. Todos riram, disseram que ela era um encanto, o que me fez querer engasgar, e comeram o ensopado.

— Nossa, parece comida vegetariana das boas — disse um assistente.

Deu-me uma vontade louca de lhes explicar o que estavam comendo, mas eu me segurei. Era bastante provável que, logo, logo, descobririam sozinhos.

— Elli, o que você quer com isso? — perguntou Mike.

— Mike, você formulou muito bem essa pergunta — eu disse. — O que é que eu quero com isso! Se puderem se hospedar aqui no hotel, daria para pagar as contas e ainda garantir para depois do festival.

— Então é isso? — ele perguntou com um sorriso. — É isso o que você quer? Você não vai nos surpreender com grandes cifras?

Eu não sabia o que fazer, então fiquei em silêncio.

— Você tem quartos, nós precisamos de quarto — Lang continuou. — Qual é o preço? Há quantos quartos? Quantas pessoas você pode hospedar?

— Se usarmos todo o espaço do local, sendo que nem tudo são realmente quartos, podemos hospedar de 250 a trezentas pessoas. Mas é claro que, se precisar de mais, toda a cidade de White Lake está vazia. Aliás, todo o condado de Sullivan está vazio, claro que com exceção dos peixes grandes, como o Grossinger e o The Concord.

— Por que você não faz o orçamento de todos os quartos durante toda essa temporada?

Eu peguei papel e lápis e fiz umas contas rapidamente. A nossa diária era de 8 dólares, o que, na época, era o preço normal de um quarto barato em Catskills. Eu somei o preço dos quartos, dos bangalôs e dos espaços divididos por cortina de chuveiro. E, então, multipliquei pelo número de dias até o feriado do Dia do Trabalho. Antes de passar o papel a Mike Lang, olhei para o valor, que me pareceu absurdo, somado por alto. Afinal, nunca havíamos ocupado todos os quartos nem por um dia sequer, o que dizer então por uma temporada inteira. Nem nunca havíamos chegado perto do louco conceito americano de lucro. Nós vivíamos aos trancos e barrancos com uma surpreendente taxa de ocupação de 1 por cento, tão baixa que representava uma ameaça, mês após mês, da execução da hipoteca. Tão baixa que não chegava aos pés da taxa de ocupação de 74 a 80 por cento do Hilton, de Marriott e de qualquer outro estabelecimento lucrativo.

Eu passei o papel a Mike, que o examinou rapidamente e depois passou para John e Joel. Os três me lançaram um olhar de descrença. Devem ter achado que eu era o idiota da cidade. Estava caindo dinheiro do céu, e eu agindo como se meu único objetivo fosse me salvar da execução da hipoteca daquele mês. Bem, a verdade é que era isso o que eu andava fazendo nos últimos 14 anos. Eu havia sido condicionado, como um rato de laboratório, a correr numa esteira durante tantos anos que, quando os cientistas finalmente apareceram e me disseram que eu estava livre, não entendi direito. Pensei que me haviam mandado correr mais rápido.

Mike deu aquele sorriso puro, compassivo e gentil. Lá no fundo, ele provavelmente estava com pena de mim.

— Beleza — ele disse. — Vamos ficar com todos os quartos e espaços cortinados. Vamos sair uma semana antes do festival porque temos de ficar no local do show por três dias. E então você pode receber outros hóspedes. Vamos pagar pela temporada toda, mas você pode alugar os quartos uma segunda vez. Talvez depois do festival, vai haver gente que precise voltar aos nossos quartos para concluir alguma coisa. Está bem? E o bar e a lanchonete? Precisamos alimentar nosso pessoal. E o teatro e o cinema? Precisamos de espaço para montar um escritório e uma sala de reunião. É possível alugar esses espaços também?

Eu estava em estado de choque.

— Você pode ter o que quiser — eu disse, ainda abalado. — Vou fazer o orçamento completo mais tarde e depois passo para você.

Até mamãe, que ouviu cada palavra da conversa, entendeu bem e soube ficar quieta pela primeira vez na vida. Eu lancei um breve olhar ao papai e vi a expressão nos olhos dele. Ele irradiava orgulho enquanto observava o filho planejando algo que até ele sabia que seria o único grande evento de nossas vidas.

— Está bem. Combinado — disse Mike. Nosso acordo foi selado com um aperto de mãos. Dei o melhor de mim para parecer tranquilo, mas o suor em minha sobrancelha indicava o turbilhão que tomava conta de mim. Eu me senti como a Cinderela — apesar de ser a versão masculina — e fiquei morrendo de medo de que, a qualquer momento, Mike Lang se tornasse um camundongo, e o helicóptero que o havia trazido de repente virasse uma abóbora.

Mike pediu a um dos assistentes que buscasse uma sacola grande que estava em uma das limusines. Poucos minutos depois, o assistente voltou com a sacola, e Mike me entregou. Eu olhei dentro dela e vi que estava cheia de pilhas de dinheiro perfeitamente organizadas.

E o mundo é criado novamente

— Pegue todo o dinheiro relativo à hospedagem durante todo o verão, Elli, porque nós preferimos pagar adiantado — disse Mike. — Ah, tem mais uma coisa. O que você acha de ser o relações-públicas do festival junto à comunidade local? Você pode lidar com a população, as autoridades da cidade e coisas assim? Seria excelente. Que tal mais 5 mil dólares referentes a essa função?

"Não para de entrar dinheiro", pensei.

— Está bem, Mike. Eu posso fazer isso — disse. E, então, ele pegou a sacola, de onde tirou mais 5 mil dólares.

Eu estava prestes a desmaiar, mas a lucidez tomou conta de mim por um instante.

— Ah, Mike, tenho mais um pedido importante. Você pode contratar minha incrível trupe de atores, músicos e artistas?

— Sem problema, bicho. Vamos contratar todo mundo. Eles podem começar amanhã, organizando números de improviso e ajudando a deslocar os músicos pelo local durante o festival. Vai ser demais! Estão todos contratados. Vamos organizar tudo — Mike disse.

— Ótimo! Vou dizer a eles hoje à tarde — eu disse. — Vão ficar muito empolgados.

Mas Mike não tinha acabado.

— Isso me faz lembrar de uma coisa, Elli — disse ele. — Sei que você precisa pagar a hipoteca, então nós vamos fazer o seguinte. Vou anunciar que o El Monaco é o único agente de vendas de ingresso nas próximas duas semanas. Você vai ficar com todos os ingressos vendidos e a comissão. De acordo?

— Claro, Mike — respondi. Eu já estava em estado de graça, e aquela cereja em cima do bolo me deixou ainda mais entorpecido. Agente de vendas de ingresso do festival? Por que não? Está bem, eu era um fracasso colossal em vender quarto de hotel, panqueca, pacote de fim de semana para casais heterossexuais, gays e lésbicas. Mas que se dane! Eu ia me aventurar nessa venda de ingressos.

Nem preciso falar que eu não fazia ideia do que ele estava me delegando. Nas semanas seguintes, Mike Lang e companhia espalharam anúncios pelos jornais e rádios de uma região que compreendia três estados — Nova York, Connecticut e New Jersey — anunciando que o único lugar para se comprarem ingressos para o festival era na bilheteria do El Monaco, que, na verdade, era a recepção do hotel. Foi como se tivessem anunciado a venda de passagens só de ida para o Éden. Em duas semanas, vendemos 35 mil dólares em ingressos, mas esse era só o valor da comissão. Hoje, esse valor é equivalente a mais de 250 mil dólares. Meus pais e eu nunca tínhamos visto tanto dinheiro assim em nossa vida. O papai e eu ficávamos analisando os ingressos como se fossem algo mágico. "Será que é de verdade?", indagávamos. "Ou será que é uma espécie de feijão mágico?" Mas as pessoas continuavam comprando.

Uma das primeiras coisas que meus pais e eu fizemos foi pagar a hipoteca do hotel. Para uma família que passara os últimos 14 anos atrasando o pagamento das parcelas mensais, sem sombra de dúvida, aquele foi um grande momento.

Enquanto isso, o telefone não parava de tocar. Preso, como sempre, naquela mentalidade de classe baixa, fiquei somente com uma linha, embora o pessoal do Woodstock tivesse instalado dezenas de linhas para uso próprio. Lá no fundo, eu temia que todo o empreendimento desmoronasse a qualquer instante e que o pessoal do Woodstock arrumasse as malas e fosse embora de uma hora pra outra, da mesma forma como chegou. Pois é, tudo podia acabar e eu seria levado por uma ambulância para ser internado e voltar a receber o tratamento de choque que recebera da vida durante todos aqueles anos. Mas, enquanto tudo isso acontecia, eu me permiti delirar de tanta alegria.

Na primeira semana após a chegada de Mike Lang, meu mundo passou por um estranho realinhamento giroscópico. Todas as minhas certezas em relação às possibilidades da vida foram transformadas. E só podia ser assim mesmo, porque o velho Elliot Tiber nunca conseguiria dar conta de tudo aquilo que estava prestes a acontecer.

8

A primeira onda

Acordei na sexta-feira, 18 de julho, com o barulho da saudação das buzinas dos carros, das vozes que gritavam em comemoração e das motos acelerando os motores. Eu me virei na cama, parcialmente acordado e com os olhos inchados.

— O que está acontecendo? — perguntei em voz alta.

Eu me vesti e caminhei até a rodovia 17B, onde vi algo inacreditável. Uma interminável corrente humana motorizada adentrava Bethel. Centenas de pessoas a pé caminhavam junto aos carros, que se moviam lentamente.

Havia muitas pessoas em Kombis e outras tantas em motocicletas. Algumas Kombis tinham pinturas elaboradas e coloridas, revelando todos os tons de rosa-shocking, verde, laranja e azul. Muitas exibiam o sinal da paz e slogans antiguerra, como: "Faça amor, não faça guerra", "Flower Power", "Amor livre", "Promova a nudez entre as flores", "Poder ao povo", "Barril de cerveja!", "Fim às roupas íntimas!" e "O FBI está atrás da Fada Madrinha". Inúmeros automóveis revelavam desenhos muito coloridos, no estilo do álbum *Sgt. Pepper's Lonely Hearts Club Band*. Já outros louvavam os benefícios dos alucinógenos, que abriam a mente: "J. Edgar precisa de uma lasca de Raio de Sol Laranja!"

Saía música de todos os carros. As vozes de Janis Joplin, Jim Morrison, The Beatles e Bob Dylan rolavam como ondas de alegria intensa e liberdade sem recalque, vindas dos rádios e toca-fitas de oito faixas dos automóveis. Hippies de cabelos compridos, vestindo camisetas tie-dye coloridas, se debruçavam para fora dos carros e acenavam. Os cidadãos de White Lake foram até a 17B e assistiram a tudo completamente abismados e perplexos.

— Chegamos, querido — uma mulher bradou para um cidadão da cidade. — Vamos cair na farra.

Daquele dia em diante, pessoas aos milhares chegavam a Bethel para o Festival de Artes e Música Woodstock. O fluxo do trânsito no acesso à cidade, coordenado por papai durante horas a fio na interseção da 17B e da 55, era diferente de qualquer coisa já vista até então e parecia não ter fim. Inicialmente, anunciou-se que chegavam a Bethel em torno de mil pessoas por dia. Se continuasse assim, seria cumprida a estimativa de um público entre 35 mil a 50 mil pessoas. Mas ainda faltava quase um mês para a abertura, no dia 15 de agosto, e todos sabiam que os números iriam lá nas alturas à medida que a data do festival se aproximasse. Era apenas uma questão de quantos e por quanto tempo.

No El Monaco, estava tudo ocupado: todos os quartos e espaços cortinados, semiprivados e nem tão privados assim. De repente, dinheiro não era mais problema — pela primeira vez em toda a minha vida. Precisávamos de ajuda e, felizmente, havia gente por todos os lados querendo trabalhar. Contratei vinte pessoas para limpar os quartos, lavar roupa, cozinhar, atender no restaurante e no bar, fazer sanduíche e cortar a grama. E até essas vinte pessoas foram exigidas ao máximo. Enquanto isso, hotéis antigos, que tinham sido fechados havia anos, reabriam as portas para os hóspedes, mesmo que tivessem de dormir em colchões velhos e mofados ou que a água ainda não tivesse sido ligada. Semanas antes de o festival começar, as pessoas começaram a acampar na fazenda de Max Yasgur. O lugar não parava de encher, mesmo com a equipe do Woodstock trabalhando intensamente para instalar banheiros e água corrente. Nada disso parecia importar para as milhares de pessoas que seguiam rumo a Bethel. A maioria parecia feliz só por estar ali.

Ao me tornar o único agente de vendas de ingresso do maior show da história da humanidade, Lang me colocou no epicentro de outra dimensão, a qual eu só havia encontrado anteriormente nos jornais e na televisão. Aquelas pessoas não eram os habitantes de Nova York com quem eu me acostumei a lidar. Não eram materialistas nem famintas por glória e fama. Eram indefiníveis, em grande parte porque rejeitavam tudo que pudesse ser visto como um caminho à grande ilusão conhecida como sonho americano. Eram cabeludos de jeans, tinham um passo tranquilo, andavam descalços, usavam bandanas e eram livres. Muitos haviam pintado o cabelo em tons de laranja, rosa, vermelho, verde, roxo e azul. Outros usavam colares de contas, símbolos da paz e vários tipos de acessórios no cabelo, pescoço, punho e tornozelo. Alguns cultivavam a barba desordenada, pouquíssimos tomavam banho com regularidade e menos gente ainda se importava com a aprovação do mundo. Parecia que todos cantavam. Todos riam. Nunca escutei tantas risadas assim em toda a minha vida.

Mas é claro que boa parte das cantorias e risadas era quimicamente induzida. Havia drogas por todos os lados — era como se maconha, THC e LSD tivessem sido legalizados de repente. As pessoas passavam baseados umas às outras abertamente, como se fosse um pacote de biscoito.

Muita gente ia ao hotel atrás de informação sobre o caminho. E muita gente chegava chapada, com as rou-

pas exalando cheiro de maconha. As pessoas entravam na recepção, abriam um sorriso para mim e diziam:
— E aí?

Nas primeiras vezes em que ouvi tal saudação, fiquei momentaneamente confuso. Levei alguns minutos para perceber que estavam chapados e, por isso, soltavam esse som quase monossilábico.

— Tudo bem — eu dizia com a voz fraquejando.
— E aí?
— Você sabe onde fica o hotel El Monaco? — muitos perguntavam.

A maioria das pessoas que chegavam à recepção do hotel ainda não estava chapada, mas ficavam instantaneamente embriagadas quando eu lhes entregava o ingresso do Woodstock. Muitos cruzavam olhares comigo e tentavam estabelecer um tipo de conexão entre almas, como se compartilhássemos uma visão de mundo mais ampla, que gerava afinidade entre nós. As pessoas erguiam o ingresso no ar e diziam:

— É isso aí, meu irmão!
— Valeu, bicho!
— Bacana!
— Legal, bicho.

Já outras gritavam, berravam e rodopiavam de mãos dadas com um amigo no meio da roda. Todos se beijavam e se abraçavam.

E em certo momento desse longo desfile, enxerguei o óbvio. Essas pessoas não estavam presas na dualidade hétero *versus* gay. Eram livres de maneiras que eu nunca havia imaginado serem possíveis. Não é que não fossem héteros, gays ou bissexuais, mas, seja lá o que fossem ou o que eu fosse, estava tudo bem. A mensagem que emanava deles era que não havia necessidade de ser qualquer outra coisa além de nós mesmos. Aproveita, bicho. Viva ao máximo. Os homens se libertaram do modelo a ser seguido de Ward Cleaver[*]; as mulheres jogaram fora os vestidos e a maquiagem de June Cleaver. Se um homem tivesse vontade de assobiar ao caminhar, ele assobiava. Se uma mulher tivesse vontade de ser sexualmente aberta, ela o era. Se um homem ou uma mulher fosse homossexual, ele ou ela era abertamente homossexual. E, para mim, os gays estavam por todos os lados.

À noite, a equipe do Woodstock se reunia no bar para beber e comemorar mais um dia de trabalho e o show que se aproximava. A jukebox tocava música a noite toda. As pessoas dançavam até resolverem que as roupas estavam atrapalhando e, então, seguiam acompanhadas para o quarto ou para alguma parte remota do local. Zippi McNulty, técnico de palco voluntário, parecia a versão loura do Super-Homem. Ele não escondia a possibilidade de ser gay. Eu continuava precavido para abordar homens em White Lake, onde eu tinha de ser extremamente cuidadoso, talvez até completamen-

---

[*] Personagens da série de tevê norte-americana *Leave It to Beaver*. (N. da E.)

A primeira onda

te fechado. Mas estava praticamente insuportável ficar quieto enquanto eu assistia a Zippi, de jeans apertado e camiseta, andando pelo bar. "Que se dane", pensei.

— Essa bota de operário que você está usando não me excita — eu disse a ele. — Mas, se eu fosse masoquista e gostasse de homem bruto de bota suja, eu lhe imploraria para me acompanhar à cabana número dois para dar uma olhada na minha coleção de chicotes, alças de couro, ganchos e correntes, que estão pendurados no teto.

— Me conduza, amigo — Zippi retrucou. — Isso é música para os meus ouvidos.

E, assim, deu-se início a uma rotina regular: todas as noites, a cabana número dois podia ser vista dançando sobre as estacas madrugada adentro. Mas Zippi não foi meu único hóspede. Woodstock foi uma espécie de nave que aterrissou e disponibilizou exércitos de soldados sexualmente liberais na extremamente conservadora cidade de Bethel. Passei 14 anos sufocado no armário, mas Mike Lang escancarou a porta e me soltou numa grande festa de sexo, drogas e rock'n'roll.

Bob e Jim eram gêmeos idênticos. Os dois eram dançarinos da Broadway e reuniam todos os requisitos físicos: corpos sarados, rostos lindos e pernas que lhes davam o poder de voar. À noite, após inúmeras cervejas e todos os baseados eu pudesse fornecer, eles começavam a dançar, primeiro no chão e depois no balcão. Quando tudo virava uma loucura, faziam striptease e ficavam só de cueca. Um dia, depois de muita bebida, maconha e dança, puxei Jim (ou era Bob?) e disse: "Se eu fosse bicha, adoraria ser o recheio entre vocês."

Jim pegou a minha cara, abriu minha boca e me beijou com uma fome de leão. Todo mundo no bar aplaudiu e morreu de rir.

E, então, de rabo de olho, eu vi mamãe... E ela estava me vendo! Ela colocou a mão na boca em estado de choque e arregalou os olhos, que só viam a imagem que ela acabara de presenciar. Eu havia me esquecido de que papai e mamãe estavam servindo as mesas e cuidando do caixa do bar naquela noite. Mamãe, completamente perplexa, se virou e correu para o porão, de onde eu não a vi sair o restante da noite.

O fato ficou martelando na minha cabeça, mas eu havia sido dominado pela luxúria — e pela força com a qual Jim pegou o meu rosto — para fazer qualquer coisa. Contudo, naquele momento, dois mundos se uniram repentinamente — White Lake e Manhattan — e, lá no fundo, algo me dizia que estava tudo bem.

Na mesma hora, Bob correu para cima de mim e gritou:

— Eu também quero! — Ele puxou meu rosto, descolando-o do de Jim, e me deu outro beijo faminto e lambuzado. Então, os aplausos e gritos ficaram ainda mais altos.

— Pai, fica no meu lugar hoje — eu disse ao papai. E, assim, Jim, Bob e eu dançamos rumo à cabana número dois, onde passamos a noite fazendo uma coreografia de Bob Fosse. "Amor Broadway!", eu gritava de prazer.

Em Nova York, na maioria das vezes eu fazia sexo no escuro e, geralmente, em boates gays, como a The Mine Shaft. Os homossexuais não ousavam namorar ou dar demonstrações de carinho em público com receio de serem presos ou, o que era ainda pior, apanhar. Essas ameaças só serviam para nos manter trancafiados dentro de nosso próprio armário de medo e vergonha. Mas, quando a equipe do Woodstock chegou, todo mundo namorava todo mundo, todo mundo dava em cima de todo mundo, inclusive os gays, e em plena luz do dia.

Hank tinha 1,80m. Era musculoso e negro. Vinha do Novo México e quando ficou sabendo do festival, jogou tudo para o alto, pegou o carro e partiu rumo a Bethel para ser técnico de palco voluntário. Certo dia, eu estava jogando cloro barato na piscina quando ele me abordou e perguntou se podia nadar.

— Beleza — respondi, mas depois indiquei a placa que ficava na piscina: "Regras da piscina. Não há salva-vidas. O El Monaco não se responsabiliza por afogamentos, crianças que urinam na piscina ou qualquer outra coisa que possa acontecer nessa água. Nade, mas o risco é seu."

— Aqui não fala nada sobre nadar nu — Hank observou.

— Não, não tem nada disso na lista do que é proibido — retruquei.

Hank tirou a calça jeans e a camiseta, deixou as peças na beira da piscina e mergulhou na água, cortando-a como se fosse uma navalha.

"Uau", era o que eu pensava enquanto via a água envolvendo aquele corpo reluzente e perfeito.

— O hotel El Monaco garante massagens corporais completas, com direito a óleo, a todo deus negro que nade pelado, com a água fazendo o corpo forte e rígido brilhar — eu disse a Hank enquanto ele continuava a nadar.

Hank parou de nadar e começou a andar na água. Ele me olhou e disse:

— Eu não fico com muitos caras brancos. Hum... — Parecia que ele estava considerando a possibilidade ou só estava brincando comigo. Eu não tinha certeza.

— Eu tinha 10 anos quando fiquei com um negro pela primeira vez — eu lhe disse. — Mas nós continuamos até os meus 12 anos. Foi no porão da minha casa. Ele tinha uns 20 anos. Quantos anos você tem?

— Você sente tesão por negros? — ele perguntou.

— De jeito nenhum — respondi. — Bom... Quem sabe se eu for levado à força... Na pior das hipóteses, você faz as duas coisas. Eu gosto assim.

— Pois é — ele disse. — Eu também gosto.

A primeira onda

O verão de 1969 transformou a cabana número dois, humilde e em más condições, num palácio do amor. Mas, entre minhas escapadas sexuais, estavam ocorrendo outros fatos mais sutis que repercutiam em mim também. Devido ao aumento repentino nos negócios, eu lidava com inúmeros funcionários — gente jovem muito diferente daquelas pessoas com quem até então eu havia interagido. Às vezes, até mesmo as conversas mais simples me surpreendiam. E por um motivo: descobri que muitas pessoas que foram ao Woodstock tinham sonhos que ultrapassavam os anseios de um nova-iorquino comum, fosse ele gay ou hétero. Um dia, conversei com um cara chamado Steve, que eu havia contratado para realizar várias funções, uma espécie de faz-tudo. Ele devia ter uns 25 anos e era bonito, simpático e aberto. Estávamos na frente da ala presidencial, depois de ele ter terminado a limpeza dos quartos.

— O que você vai fazer quando tudo isso aqui acabar? — eu lhe perguntei.

— Eu economizei algum dinheiro e vou comprar um terreno para viver com minha namorada — ele respondeu.

— Onde vocês vão morar? — perguntei.

— Estamos procurando em Northeast Kingdom, no estado de Vermont. Em Saint Johnsbury e outras cidadezinhas ali por perto. É um lugar lindo. Há terrenos nas montanhas do condado da Caledônia.

— O que você vai fazer por lá? — perguntei.

— Bom, vamos viver, sabe... Vamos construir uma casa e cultivar uma horta. E eu posso arrumar um emprego. — Ele estampava um sorriso pueril e inocente. — Vamos ter filhos e viver a vida, sabe?

— Você não vai sentir falta desse monte de coisas que tem na cidade?

— Que coisas? — ele me perguntou. — Eu cresci em Nova York vendo meu pai trabalhar todas as horas do dia. Ele nunca estava em casa e, quando estava, bebia e gritava com minha mãe e os filhos. Pois é, ele tinha grana, mas não muita coisa além disso. Eu não quero uma vida dessas. As cidades estão morrendo, bicho. Você não sabia?

— Eu preciso da cidade grande — falei. — É o único lugar onde sou aceito.

— Você tem de se aceitar primeiro antes de encontrar o seu lugar — ele disse, de uma maneira que só quem tem 25 anos pode dizer: de forma direta, objetiva e levemente presunçosa, tudo junto. Ainda assim, as palavras me atingiram no meu ponto fraco.

Todo dia no café da manhã, a equipe do Woodstock comia qualquer coisa que papai preparasse na panquequeria antes de partir rumo à fazenda do Max para produzir o show. Quase sempre havia muffin e café, mas as pessoas gostavam de ler o cardápio. E, para minha surpresa e satisfação, entendiam as piadas.

— Ei, Elliot — alguém me chamou um dia. — Hoje eu comi panqueca a *la Ethel Merman*. Muito cara, Elliot, mas nada mau.

— Adorei o bolo Barbra Streisand, Elliot — outro disse. — Mas estou me sentindo meio fanho hoje, se é que você me entende...

As pessoas faziam comentários agradáveis sobre minhas placas, e muitos entenderam o fato de que eram uma fuga necessária para mim durante todos os anos de insanidade naquele hotel.

Um cara me deixou em estado de êxtase ao me perguntar, brincando e falando sério ao mesmo tempo:

— Quando vamos assistir a *Esse mundo é dos loucos* no cinema underground, Elliot? Acho que é um filme bem adequado para a ocasião, não concorda?

Esse mundo é dos loucos, lançado em 1966, era um clássico cult sobre um homem que foge da Alemanha na Primeira Guerra Mundial e se refugia num sanatório, onde tenta libertar os pacientes. Porém, antes de fazê-lo, ele também pira um pouco.

— Esse filme é a história da minha vida — eu disse.

De repente, havia vida no El Monaco. Aquela espelunca de quinta categoria se tornara o centro do universo. Lá no fundo, vi que, ao substituir as fofoqueiras judias do Bronx, do Brooklyn e de Long Island por esses hippies multicoloridos, eu nasci novamente. Pela primeira vez na vida, eu me senti compreendido. As pessoas viam quem eu era. Sabiam o que era cinema underground; gostavam da cafonice do cardápio da panquequeria; conheciam Edward Albee; vivenciavam o sentimento de ser mal compreendido. Lá, havia pessoas que se preocupavam com o meio ambiente e os direitos civis das minorias. Essas pessoas amavam a música, as artes e a vida pacífica. Ficou claro que tinham anseios que iam além de obter sucesso e ganhar dinheiro. Aquelas pessoas, com quem eu me identifiquei e que me acolheram, me serviram de incentivo.

Certa tarde, poucos dias após o anúncio do festival, peguei o carro e fui à fazenda de Max Yasgur. O sol raiava e o céu estaria límpido, se não fosse pela presença de nuvens esparsas. Cerca de duas a três mil pessoas já estavam acampadas no local. Pequenas barracas foram armadas na periferia da fazenda, onde também havia carros e Kombis estacionados. As pessoas passavam o tempo ali, conversando e se conhecendo. Enquanto isso, a equipe do festival montava andaimes num dos limites da fazenda, onde ficariam o palco e as caixas de som. Creio que havia algumas centenas de pessoas trabalhando na propriedade e preparando tudo para o grande espetáculo.

Ao voltar da propriedade de Max, passei por White Lake e vi algumas dezenas de pessoas nadando peladas. Elas estavam apenas relaxando e se divertindo. Cruzei com filas e mais filas de carros e motos que seguiam rumo à fazenda de Yasgur e à cidade de Bethel. Ao observar os carros, vi homens e mulheres, homens e homens, mulheres e mulheres. Ocorreu-me que todos os tipos de seres humanos se dirigiam ao festival: maridos, esposas, héteros, gays, celibatários, bissexuais, pansexuais e travestis. Muitos sorriam para mim enquanto eu passava; outros acenavam. Eu retribuía. Transmitíamos uns aos outros um pouquinho de amor. Em algum lugar lá no fundo de minha alma, eu vivenciava um sentimento de bem-estar e até mesmo um pouco de paz. Eu fazia parte dessa gente, desse grande mar de humanidade. Todos se uniram para três dias de música e, com sorte, um pouco de amor. Talvez, no fim, seria o melhor a se esperar.

Cheguei ao El Monaco, estacionei o Buick e fui direto para a recepção. Um dos assistentes de Mike Lang veio correndo em minha direção.

— Você chegou — ele disse.

— E aí? — perguntei, feliz por ter adotado o linguajar.

— O pessoal da cidade está ficando alvoroçado. Já tem muita gente da imprensa aqui e tem mais a caminho. Mike quer que você dê uma coletiva de imprensa.

— Você está brincando? — perguntei.

— Não — ele respondeu. — É com você, Elliot.

9

White Lake se rebela

A entrevista coletiva foi marcada para a tarde seguinte. Devido à pressão de ter de encarar a imprensa e ao fato de eu nunca ter sido porta-voz de nada — a não ser dos meus próprios festivais de música, que atraíam no máximo dez pessoas —, achei prudente relaxar em preparação para o grande evento. Para ajudar no relaxamento, fumei talvez meia dúzia de baseados, um atrás do outro.

Pela manhã, depois de tomar café e limpar banheiros, fui direto para o bar, onde ficavam o depósito da equipe do Woodstock e um ou outro transeunte. Lá, apertei um charuto de maconha e vários outros baseados menores, e fiquei pensando no que deveria dizer ao mundo por intermédio daquelas digníssimas pessoas. Não consegui pensar em nada, mas fiquei na esperança de a erva me dar inspiração quando o momento chegasse.

A coletiva ocorreu na panquequeria. Felizmente, para mim, apenas a imprensa local compareceu. Os peixes grandes, aparentemente, continuavam na estrada.

Creio que havia seis ou sete repórteres. A maioria era de jornais do condado de Sullivan, das cidades de Bethel, Wallkill e Monticello. O restante era de estações de rádio locais. Mike se sentou nos fundos, vestindo os trajes confortáveis de sempre: calça jeans, colete sem camisa, sandália e um leve sorriso que sugeria que tudo estava certo com o mundo.

A primeira pergunta foi em relação à minha licença.

— Você tem licença legal para realizar um show em White Lake? — perguntou um dos repórteres.

Tentei manter a pose, mas senti a onda da maconha batendo, o que me fazia perder controle total sobre a realidade.

— Será realizado um festival de artes e música aqui em 15, 16 e 17 de agosto — comecei a falar. — É apenas mais um festival de verão, parte dos meus festivais anuais de artes e música, que garantiram a White Lake o status de autêntico centro cultural internacional. Prova disso é a presença dos senhores e senhoras da imprensa, que estão aqui para noticiar tudo. Tenho orgulho de ser

White Lake se rebela

o diretor artístico desses festivais há dez anos e espero que...

O repórter me interrompeu grosseiramente no meio da minha linha de raciocínio.

— Você tem licença legal para realizar o show em White Lake? — ele perguntou mais uma vez.

Ah, é! Eu não tinha respondido à pergunta. "Recomponha-se", disse a mim mesmo.

— Mas é claro — respondi. — Sou o presidente da Câmara de Comércio de Bethel. — Tentei recuperar minha dignidade. — Você acha que um líder cívico como eu realizaria um festival sem a licença necessária? — perguntei retoricamente.

— Você sabia que agora a polícia estima que o público do festival será de 90 a 100 mil pessoas? O que seu povo acha que 100 mil hippies farão a White Lake?

— Meu povo? — indaguei. — A população de White Lake não pode ser considerada um povo, nem meu nem de qualquer outra pessoa. — Algo na parte ainda ativa do meu cérebro percebeu que eu perdera toda a capacidade de me censurar.

Comecei a especular sobre a natureza irrelevante das coletivas de imprensa neste grande universo, em que todas as coisas acontecem ao mesmo tempo — coisas grandes e pequenas —, e que nós apenas testemunhamos esses eventos, como o pequeno e interessante episódio que estava em andamento na panquequeria naquele exato instante, com a presença daquelas pessoas tão amáveis e tão "cabeça fechada". Eu estava prestes a perguntar se já haviam comido quando veio mais uma daquelas perguntas chatas.

— Vocês estão preparados para lidar com as questões sanitárias que surgirão se 100 mil pessoas participarem do festival? Como esse grande número de pessoas será alimentado? — um repórter indagou.

— Digníssimos senhores e senhoras da imprensa. A profissão de vocês é digna de honra e é a segunda mais antiga do mundo, vindo depois sabemos muito bem de quê. — Então, eu levantei a sobrancelha, dei um sorriso conspirativo e soltei uma risadinha. — Quero deixar algumas coisas bem claras. O festival alugou o El Monaco por toda a temporada, e o hotel funcionará como sede e escritório do evento. Já que estão todos aqui juntos, aproveitarei essa rara oportunidade para anunciar que, ano que vem, mamãe construirá um arranha-céu de duzentos andares com uma academia de ginástica giratória e um centro de conferências da ONU no octogésimo andar. Todos estão convidados para inspecionar as condições da sala de imprensa, que estará disponível para ocasiões como esta. Contudo, como tenho de arrumar mais trinta camas e limpar mais de dez banheiros, a coletiva de hoje está encerrada. Eu me despeço de todos.

Os repórteres trocaram olhares. Estavam boquiabertos e com os olhos esbugalhados enquanto eu caminhava para fora do local com toda a graciosidade. "Até que tudo saiu bem", eu disse a mim mesmo. Antes de passar pela porta, vi Mike sorrindo e me lançando um olhar de aprovação.

Já na última semana de julho, a polícia havia elevado o número estimado de público: a cada dia, chegavam 10 mil pessoas. Durante certas horas, a polícia criava duas faixas para veículos que iam para Bethel na 17B. Enquanto isso, o número de pessoas na fazenda já era muito maior do que poderíamos ter imaginado. Uma cidade de lona estava ganhando forma, e um mar de pessoas e cores estava rapidamente tomando conta dos 80 acres que Max havia reservado para o evento.

Logo após a coletiva, as grandes redes de comunicação chegaram ao El Monaco. Mike Lang havia previsto a chegada e me pedira para reservar três quartos para as grandes emissoras: ABC, CBS e NBC. Ele até pagou adiantado para elas. Como esperado, as grandes redes chegaram com um comboio de caminhões e toda a parafernália, como receptores e antenas. Adentraram o estacionamento como se fossem tanques de guerra conquistando uma montanha. Não demorou muito para noticiarem ao mundo aquele evento inédito que estava ocorrendo em White Lake. E, é claro, isso só gerou mais público e mais trânsito.

Não dava mais para dirigir pela cidade. As pessoas iam a pé às lojas, aos restaurantes e ao lago, onde nadavam nuas e tomavam sol. Andavam a cavalo, de moto, de scooter e de bicicleta. Todos os lugares haviam sido tomados por multidões. Parecia haver hippies em todas as ruas da cidade.

Além de o El Monaco ser a sede do festival, o hotel também ficava em frente ao lago. Portanto, as pessoas sempre nos procuravam em busca de ajuda. Muitas só precisavam de um lugar seguro para esperar a bad trip passar. Muita gente queria drogas, que estavam sendo distribuídas de graça na fazenda de Yasgur. Outros precisavam de informações. Outros necessitavam de ajuda para encontrar amigos que chegaram separadamente. Mas o que imperava era a paz.

Contudo, o grande número de pessoas que chegavam a White Lake aterrorizava e enfurecia boa parte da população. O descontentamento com os Teichberg começou a ser demonstrado com atos de vandalismo, que, a princípio, não passavam de travessuras de moleque. À noite, pintavam-se suásticas nas paredes da ala presidencial. Depois, essas paredes começaram a ser ornamentadas com frases meigas, como: "Vamos incendiar este hotel, seus judeus sujos e fedorentos." Todo dia de manhã, papai se levantava da cama, pegava as latas de tinta e os pincéis, e passava demãos de tinta branca sobre a obra de arte criada na noite anterior.

É claro que a pichação foi apenas uma das campanhas lançadas pelo bondoso povo de White Lake. Outra foi o ininterrupto fluxo de ataques verbais, que só cessaram muito depois do fim do festival e da partida de todos os hippies. Dentre os soldados cristãos que nos

White Lake se rebela

atacavam, estava Bella Manifelli, uma mulher grandalhona que tinha rolinhos de cabelo implantados cirurgicamente no crânio. Bella era uma antiga moradora de uma pensão vizinha que tinha uma janela que dava para o lago. Certa tarde, ela fez uma visita à nossa recepção — como sempre, de rolinhos na cabeça, quimono e chinelo — para expressar seu grande descontentamento com o El Monaco em geral e comigo especificamente. Bella não estava nada satisfeita com os Teichberg e, para demonstrar seus sentimentos, ela resolveu nos chamar de um monte de nomes: comunistas, sequestradores, liberais, assassinos de Cristo, filhos da mãe, bichas, corruptos e, obviamente, da pior palavra que figurava em seu vasto vocabulário, composta por cinco letrinhas especiais: judeu.

Bella tinha contatos e queria que soubéssemos disso. Ela tinha poder. Alegava que o filho era um juiz poderoso em Hoboken e era vizinho de porta do primo de Frank Sinatra.

— Vou ligar para meu filho a cobrar se vocês, bando de judeus, não derem um fim nesse festival! Saibam que eu conheço muita gente. Pode perguntar pra qualquer um aqui de White Lake o valor que tem minha palavra! É a última vez que eu aviso! Não precisamos de mais judeus no condado de Sullivan, muito menos de bichas!

Infelizmente, essa não foi a última palavra de Bella. Nem a primeira. Havia cinco anos, o bar do hotel era uma parada regular no itinerário que ela fazia semanalmente. Ela pedia uma cerveja e o tradicional sanduíche, e ficava sentada num banco próximo à entrada. Com a boca cheia de sanduíche, ela insultava todo mundo que passava e, no auge da fúria, cuspia comida. Quando saía, o discurso dela era sempre o mesmo:

— Estou aqui para testemunhar o que os proprietários judeus desse hotel estão aprontando. Prostitutas no bar! Prostitutas nos quartos! Prostitutas na rodovia 17B! Prostitutas sem parar! Vou ligar para meu filho juiz que é vizinho de porta do primo de Frank Sinatra. Quando eu contar pra ele o que está acontecendo por aqui no El Monaco, ele vai fechar o estabelecimento e reduzir isso a cinzas. Por que vocês não voltam para o lugar de onde vieram, seja lá onde for?

E, então, Bella partia sob o som dos aplausos de quem estivesse no bar naquele momento. Ela tomava o rumo de casa, enfurecida e parcialmente intoxicada.

Dessa vez, Bella queria que eu soubesse que minhas ações teriam consequências imediatas se eu não cancelasse o festival. E, para cumprir com a palavra, ela deu um jeito de nos atormentar com uma epidemia de fiscais. De repente, apareceram a vigilância sanitária, os bombeiros, a empresa distribuidora de água e até mesmo fiscais de ar cafungando no meu pescoço. Todas as pessoas munidas de licenças para inspecionar qualquer coisa bateram à porta do El Monaco. Os vizinhos reclamavam a todas as autoridades possíveis e nos acusavam de desobedecer a toda e qualquer lei, por mais insignificante que fosse. Estávamos

White Lake se rebela

invadindo terreno alheio, apresentávamos risco de incêndio, éramos um risco à moral e à saúde. O mais repugnante de tudo foi a acusação de termos sido nós que soltamos todos aqueles hippies em White Lake. Eles nadavam pelados, fornicavam na água e, Deus perdoe, depois se lavavam com sabonete ali mesmo. Sem sombra de dúvida, toda essa atividade estava poluindo a água. Depois de passar o dia no lago, muitos iam ao cinema, enquanto outros ficavam vagabundeando ali em frente, impedindo que os respeitáveis cristãos tementes a Deus assistissem aos filmes.

A princípio, tentamos nos adaptar aos fiscais. Não tínhamos nada a esconder, a não ser, é claro, as entradas de fachada de ar-condicionado, os televisores que não funcionavam e o pequeno fato de que estávamos alojando quinhentas pessoas num hotel com capacidade máxima para duzentas. Eles registravam tudo e exigiam mudanças imediatas, inclusive a remoção dos trezentos hippies a mais. Eu rebatia ameaçando processá-los, mas isso era motivo de riso. No fim das contas, recorri a Mike Lang.

— Mike, eles estão me enlouquecendo. Será que é possível dar um jeito nisso? — perguntei.

— Sem problema, Elliot. Relaxa. Está tudo sob controle. Só me fala quando alguém estiver incomodando. Pode deixar que eu dou um jeito. Você não precisa se preocupar com nada.

Depois disso, os fiscais sumiram, sem sequer fazerem cumprir alguma daquelas ordens irrefutáveis. E nenhum hóspede teve de deixar o hotel. De alguma forma, Mike os fez desaparecerem. Mas a forma como executou esse milagre — dentre muitos outros — era um mistério para mim.

Mike sempre dava seu jeito; para ser franco, a solução, obviamente, era dinheiro, e isso ele tinha de sobra.

No dia seguinte à coletiva de imprensa, Mike veio ao bar e me pediu para acompanhá-lo numa missão. Ele carregava uma sacola de plástico bastante grande e a segurava despreocupadamente, como se ali dentro não houvesse nada importante. Eu havia limpado o bar após uma noitada de muita bebedeira e drogas. Caímos na farra, o pessoal do Woodstock e eu. Minha cabeça estava latejando. A fim de me ajudar a acordar, Mike me deixou dar uma olhada no conteúdo da sacola.

— Meu Deus! — eu disse, recuperando a sobriedade de uma hora pra outra. — É tudo de verdade ou agora a gente entrou para o ramo de impressão?

— Não. É tudo de verdade — Mike afirmou.

— Está bem — retruquei —, mas não mostre à minha mãe o que tem aí dentro. Ela entraria no seu quarto à noite e asfixiaria você por muito menos.

— Vamos dar um passeio de moto. Preciso da sua ajuda — Mike disse.

Subimos na moto de Mike, uma Harley-Davidson, e partimos pela 17B rumo ao White Lake National Bank.

Era uma sexta-feira. Na agência havia alguns habitantes da cidade, na maioria fazendeiros, que esperavam na fila para descontar cheques. Eu estava vestindo jeans e camisa pretos. Mike, como sempre, estava sem camisa, vestindo um colete de franjas, calça jeans e sandália. Para completar, é claro, havia aquela cabeleira, cujas madeixas castanhas caíam no rosto e sobre os ombros.

Assim que entramos, todas as cabeças se viraram, e os olhos miraram em Lang, com o peito à mostra, aquela vasta cabeleira e os pés envoltos por sandálias. Na mesma hora, vi que as faces estampavam repugnância.

O gerente do banco, Scott Peterson, um homem gordo que estava vestindo um terno claro, viu Lang e imediatamente saiu correndo de sua sala em nossa direção — tal ação seria definida nos anos 1980 e 1990 pelos consultores administrativos como "controle de danos". De repente, os fazendeiros, que estavam congelados na fila, degelaram e começaram a resmungar:

— Esses hippies sujos... Essas bichas drogadas... A gente vai acabar com você, Tiber. E com o Yasgur também.

Max, que havia abertamente passado para o outro lado, teria muito trabalho pela frente.

Olhei para aqueles habitantes da cidade que esperavam na fila e me encolhi de medo. Lang, tranquilo e destemido, sorria para todos. Dava para ver que Scott estava aborrecido com nossa presença. Seu rosto estava vermelho, e os olhos, inquietos e nervosos, apontavam para todos os lados, fitando os costumeiros clientes e aqueles dois indivíduos excêntricos que haviam surgido do nada em seu estabelecimento calmo e respeitável.

— Como posso ajudar? — Scott perguntou a Mike.

— Queremos abrir uma conta — Mike respondeu.

— Nós não estamos... — Scott parou de falar no meio da frase, respirou fundo, se virou para mim e disse: — Posso falar com você a sós? — Ele me conduziu até a porta da sala e disse: — Sua família é nossa cliente há 14 anos. O banco apoiou um de seus programas teatrais. O banco ajudou seu cinema quando a Comissão de Mães o atacou. O banco até comprou um quadro seu de White Lake, apesar de todos acharem que não parece com nenhum lago já visto por aqui, e o pendurou no saguão. Buscamos ajudar os clientes. Mas agora você foi longe demais. Não sou o dono deste banco. Sou apenas o gerente desta filial. Trabalho para meus superiores, e são eles que estabelecem as regras. Nós não fazemos negócios com subversivos. Você está me entendendo, Elliot?

Olhei para Lang, que fez um sinal para eu ir até ele. Quando me aproximei, ele sussurrou:

— Fala para esse cara que eu tenho 250 mil dólares em espécie nessa sacola.

Corri de volta para o gerente do banco, que estava se preparando psicologicamente para nos expulsar de lá e disse:

— Scott, o meu sócio, o senhor Lang, gostaria de abrir uma conta e depositar os 250 mil dólares que estão naquela sacola.

White Lake se rebela

Lang inclinou a sacola na direção de Scott e abriu o suficiente para o bancário ver de relance os maços de notas verdes que havia ali dentro.

Scott arregalou os olhos. E imediatamente partiu em direção a Lang. Repentinamente educado e refinado, Scott disse:

— Posso dar mais uma olhada na sacola, senhor? — Lang abriu a sacola e Scott olhou o conteúdo. — O senhor me permite? — indagou a Mike, que acenou afirmativamente com a cabeça.

Scott pegou um maço de notas de 50 dólares, tirou e o levou à luz. Suas mãos tremiam, o que fez com que a nota flutuasse no ar igual à bandeira dos Estados Unidos ao vento.

De repente, Scott incorporou um semblante sério, dirigiu-se aos fazendeiros e aos outros clientes ali presentes e gritou:

— O banco vai fechar imediatamente e só reabrirá às 14h. Peço a gentileza de todos se retirarem. Agora! — Ele caminhou todo austero por entre os fazendeiros, que, chocados com o que tinham acabado de ouvir, continuavam na fila. Scott os pegou um por um pelos braços e os acompanhou até a saída.

— O que está acontecendo, Scott? — protestavam. — A gente precisa do dinheiro.

— Voltem daqui a algumas horas para descontar os cheques — ele lhes disse. E, assim, Scott literalmente os colocou para fora e trancou a porta. Então, ele respirou fundo, ajeitou o terno e correu em direção a Lang, com a mão estendida. — Sou Scott Peterson, gerente do White Lake National Bank. Como posso ajudá-lo, senhor...

— Lang — Mike respondeu. — Mike Lang. — Ele estava bastante surpreso.

Scott nos conduziu até sua sala e perguntou a Mike como o banco poderia ajudá-lo. Mike explicou que queria abrir várias contas, para diversos tipos de transação, inclusive para descontar cheques e efetuar o pagamento dos funcionários do Woodstock. Ele também disse que as equipes de administração e contabilidade da empresa estariam presentes no dia seguinte. Scott ficou pálido e disse:

— Mas amanhã é sábado. Obviamente, o banco não abre sábado.

Mike se virou para mim e disse:

— Elli, tem um banco em Monticello, não tem? Fica a 15 minutinhos daqui, certo?

Scott, que ficou nervoso de uma hora pra outra, resolveu agir. Pegou o telefone, ligou para a sede do banco e imediatamente pediu para falar com alguém que, acredito eu, da diretoria.

— Não. Isso é importante. Que inferno! — ele disse à pessoa do outro lado da linha. — Estou aqui com Tiber, do El Monaco, que está com um pessoal do Woodstock. Eles querem abrir contas e montar um sistema de folhas de pagamento amanhã. Pois é, eu sei que amanhã é sábado, seu imbecil. Eles estão aqui com 250 mil dólares em espécie, como depósito inicial. Isso, do El Monaco. Não, não tem nada com a conta falida do El Monaco. Ele está *no* El Monaco. Está bem. Estou esperando o retorno.

Ao desligar o telefone, Scott se virou para Mike e perguntou com toda a educação:

— Vocês têm uma empresa? Que dinheiro é esse? De onde surgiu todo esse maravilhoso dinheiro?

Mike interrompeu Scott com aquele sorriso angelical e com uma pergunta bem dócil.

— Elli, é esse o banco que ameaçou executar a hipoteca do El Monaco?

— Executar a hipoteca? — Scott perguntou, preocupado. — Executar a hipoteca? Não, não, não. Nunca cogitamos executar a hipoteca do El Monaco. Somos parceiros de negócios do El Monaco há vinte anos. Somos vizinhos, senhor Lang. Está vendo aquele quadro na parede do saguão? Foi o banco que comprou no 1º Festival de Música e Artes de White Lake, que acontece anualmente, e é sediado no El Monaco.

De repente, o telefone tocou. Scott se apressou para atender como se quem estivesse chamando fosse a vida.

— Sim — ele atendeu, fez uma pausa e se pôs a escutar.

— Ah, sim — fez mais uma pausa e ficou escutando. — Bom. Bom. Muito bom. Obrigado. Eu vou dizer. Está bem, todos podem vir diretamente aqui para abrirmos as contas que quiserem. Pode deixar que eu cuido de tudo.

Scott desligou o telefone e sorriu para Mike Lang.

— Boas notícias, senhor Lang — ele disse. — Vamos nos reunir aqui amanhã para fazer tudo o que for necessário. Só preciso que assine alguns formulários para iniciar o processo e realizar o depósito.

Ao entregar os formulários para Mike assinar, Scott ficou tagarelando sobre todos os serviços do banco que agora estavam à disposição do Woodstock e sobre o infinito respeito e admiração que tinha pelo El Monaco e pelo estimado senhor Elliot Tiber.

Mike explicou que o grupo Woodstock faria depósitos regulares durante um mês mais ou menos e que gostaria que fossem tomadas todas as medidas de segurança necessárias para garantir a proteção do transporte de todos os fundos.

— Vamos garantir, de graça, a segurança para o transporte dos depósitos — Scott disse. — Basta ligar que vamos até você. Eu mesmo escolto você se for necessário.

Enquanto Scott falava sem parar, Mike estava ocupado lendo todas as linhas e entrelinhas de cada página que assinava. Ele não era nenhum iniciante. Sabia muito bem o que estava fazendo. Se ele tivesse de equilibrar seu Porsche numa mão e Janis Joplin na outra, tenho certeza de que o faria com toda destreza.

Nos trinta dias que se seguiram, Scott honrou sua palavra. Ele e seus subordinados escoltaram grandes sacos de dinheiro do bar do hotel até o White Lake National Bank pela rodovia 17B. Além disso, todos os funcionários do banco eram só sorrisos. Era só o senhor Lang entrar no banco, com aquele cabelo cacheado, para o saudarem com toda a bajulação.

Em 1º de agosto, a rodovia 17B apresentava três faixas que davam no acesso a White Lake. A polícia estadual tinha uma viatura permanentemente estacionada no cruzamento entre a 17B e a 55. Ao observar a estrada do topo da montanha, aquelas três faixas de carro pareciam não ter fim. Felizmente, o trânsito ainda andava, mas a multidão não parava de crescer. A nova estimativa da polícia estadual era de que, no mínimo, 100 mil pessoas estariam em White Lake para a abertura do festival, que seria dali a duas semanas, e esse número poderia ser ainda maior.

Os habitantes da cidade estavam à beira de um ataque de nervos, e os poderosos da cidade sabiam que precisavam agir. No dia seguinte à nossa visita ao banco, recebi a ligação de um vereador de Bethel, que me informou que a câmara estava considerando cancelar a licença para sediar festivais de artes e música. Se a licença fosse anulada, a câmara proibiria a realização do Woodstock e mandaria todo mundo de volta para casa.

— Isso seria a coisa mais idiota a se fazer — eu disse sem rodeios. — Nunca haverá outra oportunidade como essa de revitalizar White Lake, Bethel e toda a região. Estamos prestes a vivenciar o maior boom que a economia dessa cidade já viu. Quando o festival terminar, podemos negociar com a Woodstock Ventures para realizarem um festival anual em White Lake. Isso acarretaria num enorme influxo de capital anualmente. Podemos nos tornar uma espécie de Tanglewood, no estado de Massachusetts, ou de Edimburgo, na Escócia. Aí haverá turismo o ano todo e receberíamos atenção e respeito de todo o país. Vai devolver a vida à cidade. Os imóveis serão valorizados e arrecadaremos mais impostos, gerando melhores escolas e melhorias na infra-estrutura da cidade. Toda a região ficará mais bonita com o dinheiro gerado. Você não vê que essa é uma forma de toda a população da cidade enriquecer?

— Não é assim que vemos a situação — ele retrucou. — Esses hippies sujos estão destruindo a cidade. Estão fazendo sexo no lago e desfilando por aí pelados. Daqui a pouco, vão começar a estuprar as mulheres. E depois? Toda a população está reclamando junto à prefeitura e exigindo o cancelamento do evento. Temos de agir, e tem de ser imediatamente.

"Por que são sempre as pessoas mais burras que se tornam políticos?", eu me perguntei. Então, renasceu o pessimista que havia dentro de mim, e eu reagi como de costume em situações assim: entrei em pânico. Mas, depois, fui ao escritório de Mike Lang, na ala presidencial, e contei a ele tudo que havia acontecido.

Mike escutou, sorriu e não entrou em pânico. Busquei vestígios de preocupação e desespero naqueles olhos castanhos, mas só me deparei com serenidade e confiança. Ele pegou um dos duzentos telefones em funcionamento que havia no El Monaco e ligou para sua equipe. Enquanto chamava, ele olhou para mim, sorriu e disse:

— Não se preocupe, Elli. A gente sabia que isso ia acontecer. Está tudo sob controle, baby.

Duas horas depois, um helicóptero sobrevoou o hotel e aterrissou suavemente no gramado. Do pássaro de aço, saiu uma equipe de advogados, todos bem-vestidos e fazendo o estilo nova-iorquino. Na equipe, havia uma loura, sósia da Faye Dunaway. Ela estava vestindo um elegante tailleur preto e uma camisa dourada por baixo. Os saltos que usava sustentavam as pernas mais lindas que eu vira em toda a minha vida. Seus cabelos eram dourados, iguais aos da Faye; as maçãs do rosto, protuberantes e vulneráveis, iguais às da Faye; todo o seu semblante resplandecia beleza e inteligência, como o da Faye. Bastou vir em minha direção e se apresentar para eu me apaixonar por ela. Pois é, eu sei — eu sou gay. Mas algumas pessoas são tão bonitas e carismáticas que nos fazem perder o chão só de avistá-las. Ela me disse como se chamava — Chloe alguma coisa. Eu estava inebriado demais quando me dirigiu a palavra para me lembrar de qualquer coisa que ela dissera. O nome dela também pouco me importava. Para mim, ela era a Faye Dunaway.

Todos nós nos reunimos no escritório de Mike e repassamos a estratégia. Faye descreveu as ações que sua equipe de advogados tomaria para assegurar a realização do festival no nível do condado e do estado. Aparentemente, já tínhamos todas as licenças das agências governamentais superiores. Tudo estava em ordem e assegurado. Valíamos ouro, segundo aquelas mentes jurídicas. Mike repassou a estratégia a ser seguida na reunião que aconteceria naquela noite. Ele me fez algumas perguntas, mas eu não me lembro de nenhuma. Só me lembro de ficar fantasiando como eu convenceria a linda Faye a fugir comigo. Ah, e eu me lembro de não tentar me esquecer, o tempo todo, de não babar na minha camisa quando olhava para ela.

Mike decidiu quem falaria primeiro e o que cada um diria se fosse chamado pelos vereadores. Os advogados jorraram recomendações e, após uma hora, estávamos prontos para encarar os membros da câmara.

Às 20h, os advogados e Lang entraram numa das limusines e percorreram 1,5km pela rodovia 55, rumo a uma escola em Kauneonga, um distrito de Bethel batizado com o nome de uma tribo indígena norte-americana, dizimada há muito tempo, pelos futuros bethelianos. Eu segui sozinho, no Buick.

Foi um daqueles momentos em que os respectivos destinos do El Monaco, dos meus pais, de mim mesmo, do Woodstock e da população de White Lake foram postos numa balança; um momento em que uma cidade composta por cidadãos insanos estava pronta para cair matando. E eu só conseguia pensar naquela mulher. Eu, um gay. Vai entender.

O caminho até a escola estava horrível, graças aos 10 mil buracos que havia naquele pedacinho de estrada. É de se imaginar que aquela estrada em péssimas condições era o bastante para convencer a população de que precisávamos desesperadamente de dinheiro. Mas, não. A maior preocupação que tinham era o que os hippies poderiam fazer nos gramados e no lago; e como se viam incapacitados de se proteger daquela loucura.

A chegada à escola foi como chegar a uma partida de futebol. O local estava repleto de carros, caminhonetes e centenas de pessoas que tentavam participar da sessão. Não seria uma simples sessão da câmara de vereadores de Bethel, em que quatro ou cinco velhos rabugentos apareciam para votar "não" a tudo. Estava mais para um retrocesso à época dos julgamentos da Inquisição. Adivinha quem eram as bruxas dessa vez...

— Vamos torcer para sair vivos daqui hoje — sussurrei a Lang.

Em meio àquela multidão, surgiu um rosto amigo: Max Yasgur.

— Olá, rapazes e moça — Max disse. — Quanta gente apareceu para nossa reuniãozinha, hein!

— Que bom ver você, Max — eu disse.

O prédio, feito de blocos de concreto, estava completamente lotado. Todas as cadeiras de madeira, cujas dobradiças estavam enferrujadas e faziam muito barulho, estavam ocupadas. As pessoas ocupavam todo o salão, inclusive as laterais. A capacidade de público era de, no máximo, 150 pessoas, mas devia haver 250 pessoas amontoadas lá; tinha gente inclusive na entrada, na calçada e no estacionamento.

Na frente do salão, estavam posicionados os sete vereadores — seis homens e uma mulher. Estavam sentados a uma mesa que ficava numa espécie de plataforma. Os homens eram lojistas e fazendeiros que haviam se tornado políticos. Em sua maioria, gente do povo. A mulher fazia o estilo de secretária inteligente, e sua característica mais peculiar era o fato de não ter pescoço; a cabeça ficava diretamente sobre os ombros daquele corpo rotundo.

O barulho no local era insuportável, principalmente porque a emoção dominante era de raiva, até mesmo de ira. Quando Lang, os advogados, Max e eu adentramos o local, o barulho aumentou. Imediatamente, houve um misto de vaias e aclamações. Nosso pequeno grupo foi levado a uma mesa que ficava na frente do salão, próximo à base da plataforma. Os advogados e Mike tiraram pastas de dentro das maletas e as colocaram sobre a mesa. Fiquei sentado ali, de mãos abanando. Eu me senti pelado diante daquela multidão hostil. Felizmente, Faye cruzou as pernas, e imperou um silêncio momentâneo. Mas não durou muito. Em poucos segundos, o ruído ensurdecedor estava de volta.

Lancei um olhar furtivo sobre o local para avaliar os ânimos. Muitos dos antigos moradores da cidade saíram do meio da mata especialmente para o acontecimento. Concluí que o motivo para tal era a possibilidade de um enforcamento coletivo. Também havia muitos fanáticos intolerantes que não queriam que forasteiros, como hippies e judeus, se infiltrassem naquilo que consideravam um pedacinho do paraíso só deles; nem queriam que ninguém o poluísse. Por outro lado, fiquei mais animado ao ver que muitas pessoas boas, que sabiam que aquela era uma oportunidade de ouro para todo mundo da região também estavam presentes. A julgar pelos olhares que eu estava recebendo, deduzi que a votação resultaria em 60 por cento a favor do enforcamento imediato numa árvore que havia bem ali em frente à escola.

Eu devia estar tremendo, pois Mike olhou para mim e me disse para ficar tranquilo. Ele estava tranquilo. O pessoal do Woodstock estava tranquilo. O problema é que a multidão estava tudo, menos tranquila.

De repente, o presidente da câmara bateu o martelo com força na mesa. *Bang, bang, bang.* E deixou o martelo cair.

— Vamos estabelecer a ordem para dar início à sessão — entoou.

Um por um, todos os vereadores discursaram sobre a destruição, devastação e degradação que o festival Woodstock e Elliot Tiber estavam causando àquela calma cidade. O presidente da câmara enumerou leis e decretos que ele alegava terem sido violados pelos organizadores e pelo público do show. Finalmente, convocou a votação dos vereadores para decidir sobre o cancelamento da licença concedida a mim para produzir festivais de música e de artes. No entanto, antes de dar início à votação, os vereadores queriam ouvir a posição dos representantes da Woodstock Ventures.

Nesse momento, Lang acenou para mim com a cabeça, indicando que era hora de eu me pronunciar. Pedi a palavra aos vereadores. O presidente, por sua vez, acenou com a cabeça, e eu me levantei. Estava prestes a falar quando a multidão urrou:

— Doido varrido! Doido varrido!

Imediatamente, a metade do público que estava do nosso lado calou a boca de nossos inimigos.

— Deixem o Elliot falar! — as pessoas gritavam em resposta.

Antes de eu pronunciar a primeira palavra, surgiu um homem de macacão e com barba por fazer. De pé, ele rogou a Lúcifer para que eu queimasse no inferno.

— Derrama teu ódio, pune esses demônios cabeludos e dá a Elliot Tiber uma dose dupla da tua mais terrível maldição — ele disse, seguido de "amém" em coro.

Isso deu motivo para que uma das grandes damas de White Lake desse a seguinte ordem, aos berros:

— Cassem a licença, o Elliot Tiber e a Câmara de Comércio! Depois vão à fazenda de Yasgur e prendam todas as pessoas que não sejam habitantes da cidade!

Tais palavras foram seguidas de mais "amém" e gritos de apoio. Estava ficando perigoso, pois queriam cada vez mais pendurar uma corda num galho bem grosso da árvore. Tentei atrair a atenção dos vereadores para retomar a palavra.

Bang, bang, bang. O martelo entrou em cena novamente.

— Silêncio, todo mundo! Agora, com a palavra, Elliot Tiber.

Mais uma vez, alguém gritou "doido varrido" para mim. E, mais uma vez, as pessoas que estavam do nosso lado mandaram-no calar a boca e deixar que eu fizesse minha exposição.

Naquele dia, não tive tempo nem chance de correr para o bar e fumar todo o estoque de haxixe e maconha que ficava armazenado lá. A consequência era o fato de eu estar de cara limpa e, portanto, morrendo de medo. Mas parti para cima.

— Como presidente da Câmara de Comércio de Bethel e White Lake e como proprietário do único hotel de White Lake credenciado por tal órgão, fui informado por um conselho jurídico de que a minha licença é legal e válida, e de que não existe nenhuma lei que permita o cancelamento desse festival de música. Há quase dez anos, venho organizando o meu festival de música e artes...

Ao ouvir o embasamento legal da licença, a multidão hostil passou a me atacar verbalmente, com vaias e berros. Ouvi claramente algumas ameaças, mas achei melhor, e mais seguro, dar a outra face.

Quando o barulho perdeu força, tive uma explosão de inspiração e direcionei meu discurso aos vereadores.

— Qual é o problema de vocês? — indaguei. — Esta cidade está praticamente em coma. Não há movimento turístico, não há atividades comerciais, não há contribuintes que gerem os recursos de que tanto necessitamos. Estamos morrendo! Ou vocês ainda não perceberam? A galinha dos ovos de ouro pousou misteriosamente na fazenda de Max Yasgur. E tem ovos de ouro para alimentar a todos. O festival Woodstock colocou nossa cidade no mapa. Nas próximas semanas, muita gente estará a caminho de Bethel, que é uma cidade turística. Pode ser que o número chegue a 50 mil pessoas. — Joguei o número para baixo, seguindo a orientação de Mike. — São 50 mil almas vivas com dinheiro no bolso, comprando, alugando e gastando. Talvez seja uma oportunidade única. Se for, ótimo, vai gerar renda para todos nós. Ou, então, o que seria melhor ainda, talvez esse festival vire algo permanente e aconteça anualmente, como ocorre em Tanglewood e Edimburgo. Aí, ano após ano, teríamos turistas e renda. Poderíamos fomentar as artes! Como vocês podem ficar aí rogando pragas num milagre? Do que vocês têm medo? Cabelo grande e música nova?

Isso tocou na ferida, e, instantaneamente, voltaram à cena as vaias e os gritos. Eu me sentei e cedi a palavra a

White Lake se rebela

Lang. O selvagem Mike Lang se apresentou e explicou friamente que o festival Woodstock estava de acordo com todas as leis do município, do condado e do estado. Ele prometeu trabalhar junto à comunidade para recuperar, após o encerramento do festival, qualquer propriedade que viesse a ser danificada pelo público. E, então, ele pronunciou algumas palavrinhas mágicas:

— Daremos à cidade de Bethel 25 mil dólares para serem usados da maneira como acharem conveniente após o encerramento do festival.

Ao citar a quantia, as vaias cessaram brevemente. Mike continuou falando, secamente e sem emoção. Ele listou os eventuais benefícios do festival para toda a comunidade de White Lake e Bethel. Mencionou também que, com o festival, estava sendo construído um centro internacional de telecomunicações no El Monaco e na propriedade de Yasgur, e que o festival seria visto por gente do mundo todo. Explicou, ainda, que a publicidade valia milhões de dólares para White Lake, Bethel e o condado de Sullivan, e que o festival geraria novos negócios, investidores e turistas, o que provocaria o renascimento da região, e isso era algo pelo que muitas cidades turísticas rezavam.

O contingente opositor se deu conta de que Lang estava vencendo a batalha. Depois de mencionar o verbo "rezar", os difamadores ganharam voz outra vez.

— Corruptos! Máfia! Comunistas! Devassos! Pervertidos! — gritavam.

Nesse momento, um dos advogados do Woodstock se levantou e resumiu os parâmetros legais da situação. Ele reafirmou que o festival tinha uma licença válida e legal, que lhes garantia direitos específicos. Além disso, o festival havia conseguido outras licenças de diversos departamentos públicos e agências de vigilância sanitária do país. O evento estava de acordo com os requisitos de segurança e saúde exigidos. O principal argumento estava bastante claro. Os organizadores agiam com responsabilidade e dentro da lei. Em outras palavras, não havia nada contra eles. E, para os vereadores mais espertinhos, isso significava que a Woodstock Ventures acabaria com qualquer um que tentasse impedir a realização do show.

Por último, Max Yasgur se levantou, e imperou o silêncio. Max surtia esse efeito nas pessoas. Ele não falava muito, mas sua humildade e honestidade faziam com que todos o levassem a sério. Yasgur descreveu a experiência que estava tendo com os organizadores do festival. Segundo ele, eram éticos e honestos, honrariam as promessas que faziam à cidade e continuariam presentes após o término do evento para garantir que tudo fosse feito segundo o que fora acordado. Então, disse à multidão que ele era o proprietário da fazenda e podia arrendar a terra como bem quisesse. Não havia leis que proibissem ou limitassem eventos públicos em White Lake.

Os argumentos de Max despertaram mais uma leva de vaias. De repente, os ânimos ficaram exaltados. As pessoas começaram a gritar:

— Judeu ganancioso! Boicote aos produtos de Max! As vozes ecoavam naquelas paredes de concreto. O clima estava claramente hostil e possivelmente violento. Os vereadores tentaram acalmar os ânimos e retomar o controle sobre a sessão. Ouviu-se o martelo repetidas vezes, mas a gritaria, as vaias e os xingamentos continuaram. Morrendo de medo de um motim, o presidente da câmara declarou que a sessão estava suspensa. Os vereadores voltariam a se reunir para discutir as próximas ações a serem tomadas e para votar sobre o cancelamento da licença de Elliot Tiber.

— Declaro encerrada a sessão — o presidente da câmara gritou.

Ouviram-se mais gritos e xingamentos, junto à comemoração daqueles que sabiam que o Woodstock estava saindo dali vitorioso.

Lang e os advogados pegaram as maletas e foram embora. Mike não conseguia tirar o sorriso do rosto. Do lado de fora, ele se virou para mim e riu. Falou que nunca havia visto transações ilegais assim e completou:

— Não se preocupe, Elli. O show vai acontecer. Eles não podem nos deter e sabem muito bem disso.

— Espero que você esteja certo, Mike. Espero que você esteja certo.

10

Todos querem um pouco da ação

O pequeno pedaço de água conhecido como White Lake tem apenas 800m² de diâmetro. Apesar de seu tamanho mínimo, o lago tinha uma tradição curiosa.

Depois da reunião da cidade, a hostilidade contra o show Woodstock atingiu um novo patamar. Era claro que alguns líderes-chave da comunidade de Bethel precisavam de mais estímulos, por assim dizer, no entusiasmo que tinham pelo festival. Logo, houve várias ligações e reuniões, tudo com muita discrição. Até que uma noite alguém entrou em contato comigo e me pediu para fazer algumas entregas no lago depois da meia-noite.

White Lake é cercado de árvores e casas com docas e cais para barcos. Num dia comum de verão, o lago fica cheio de barcos e esquis aquáticos. Mas, à noite, todos os barcos se vão e o lago fica quieto e sereno. Em algumas noites, a névoa e a neblina pairam sobre a água.

Na terça-feira, depois da reunião do conselho, logo após a meia-noite, sentei em um barco a remo em uma das docas e esperei pelo primeiro de uma série de emissários que chegariam em intervalos de 15 minutos. Enquanto esperava, tremendo de medo e de frio, dava para ouvir a água batendo na lateral do barco. De vez em quando, eu via os faróis de um carro passando, mas, na maior parte do tempo, minha vigília era assustadoramente quieta, a não ser pelos grilos e corujas que estavam atentos comigo.

Finalmente, um par de faróis parou na entrada atrás da doca. Uma porta abriu e fechou. Ouvi passos se aproximando e, de repente, uma figura escura e ameaçadora parou acima de mim na doca. Eu nunca vira aquele homem e nunca mais o veria. Acenei com a cabeça para indicar que ele havia encontrado o barco certo. Ele entrou no meu botezinho e se sentou na outra ponta, de frente para mim. Resolvemos não olhar um para o outro. Nenhum dos dois disse uma palavra sequer.

Aulas de remo não faziam parte do currículo do Yeshivá — o máximo de referência a barcos era a história de

Noé —, e navegar não era uma tarefa simples. Prendi um dos remos nos suportes da doca e quase o perdi. Mas, finalmente, peguei o jeito e saí remando para o meio do lago. Ao chegar lá, coloquei os remos para dentro e deixei o barco ser levado pela corrente na escuridão da água. Não havia luz da lua e a névoa que pairavam sobre a água estava grossa, decorrente dos restos espectrais daqueles que desafiaram a máfia e foram parar no fundo do lago. Será que eu ia me juntar a eles? Sons baixinhos, como folhas sendo pisadas, ecoavam da escuridão da floresta que me cercava. Eu me imaginei sendo perseguido por um rifle de um franco-atirador. Iam explodir minha cabeça a qualquer segundo? Isso é uma arma no seu bolso, ou o senhor está apenas feliz em me ver? Eu queria me proteger no chão do bote, ou mergulhar e nadar até um lugar seguro. Mas segurei minha onda, pelo menos naquele momento.

A névoa e a neblina estavam densas demais para eu conseguir ver a margem do lago, então imaginei que ninguém conseguia nos ver também. Para dizer a verdade, eu mal podia ver minha própria mão. Peguei um envelope comercial grosso dentro de uma sacola de compras ao lado do meu pé. Entreguei-o a meu visitante. Ele não disse nada. Eu não disse nada. Nada de "Muito obrigado. Foi ótimo negociar com você". Nada de "Dê minhas lembranças ao conselho da cidade". Nenhuma pergunta sobre a família de cada um, nem como andavam os caminhoneiros.

Remei de volta à doca em silêncio. Assim que cheguei à margem, o homem saiu do barco e foi embora com pressa.

O suor começou a descer pelas minhas axilas e costas. *Será que eu aguentava mais quatro rounds dessa loucura?*, eu me perguntei. Bem na hora, o segundo fantasma de Woodstock apareceu e entrou cuidadosamente. Dessa vez, o barco afundou mais na água, e eu percebi que ele era mais pesado que meu convidado anterior. Ele seguiu caminhando desajeitado, e se sentou de frente para mim. Olhei furtivamente para ele, rapidamente virei o rosto e remei em direção à escuridão no meio do lago. Quando estávamos longe o suficiente, enfiei a mão na sacola, peguei o segundo envelope e entreguei-o a meu convidado, voltando logo para a doca.

Quando chegamos à beira, meu passageiro levantou e tentou se elevar para a ponta da doca, quase emborcando o barco. Segurei ambos os lados do bote e tentei deixá-lo parado. Indiferente às minhas preocupações, ele tentou de novo, empurrando o barco mais para longe da doca.

— Que inferno! Chegue mais perto, mais perto! — ele gritava, exaurido.

Tentei fazer uma manobra, mas, não sei como, consegui nos afastar mais, esticando meu passageiro entre a doca e o barco.

— Vou cair, seu imbecil. Me puxe de volta, me puxe de volta!

Agarrei a parte de trás da calça dele, na altura do cinto, e tentei puxá-lo de volta. Mas, enquanto eu o puxava em minha direção, o barco continuava se afastando da doca, fazendo com que ele pesasse para frente e caísse de cara no lago.

Metade do corpo do homem estava dentro do barco, a outra, submersa na água. Enfiei a mão na água e peguei a primeira coisa que estava a meu alcance, que era a parte de trás de sua gola. Desesperado, puxei o mais forte que pude. Infelizmente, a gola forçou o pescoço dele, estrangulando-o por alguns instantes. Ele saiu da água engasgado e emitindo sons assustadores, como se estivesse sendo enforcado. De repente, os botões da camisa se arrebentaram, fazendo com que ele caísse de frente na água de novo, mas, dessa vez, ele mergulhou completamente.

Durante alguns segundos, o homem desapareceu embaixo da superfície negra da água. Então se levantou, com a água na altura do peito, e me xingou ferozmente:

— Seu idiota de merda — ele disse, andando em direção à margem. — Seu idiota de merda sem noção! O dinheiro está encharcado, seu imbecil.

Quando chegou à margem, ele parecia estar mais calmo. Posso estar errado, mas acho que eu o ouvi dizer: "Estou ficando velho demais para essas coisas", enquanto saía da água e caminhava em direção ao carro.

— Paz e amor, *brother* — sussurrei.

Eu parecia um caco de gente. Estava pronto para deixar a sacola com envelopes na doca com um bilhete que dizia: "Pegue um e tenha uma vida boa." Mas o sonho do Woodstock me manteve no barco.

Um terceiro carro chegou. A porta abriu e fechou, e ouvi passos vindo em minha direção.

— Então, você é o cara? — meu visitante perguntou, sussurrando.

— Quem mais eu seria a esta hora? — perguntei.

— Está certo, espertinho. Vamos logo, mas não fique longe da margem — ele sussurrou mais uma vez.

Remei um pouco e depois coloquei o barco de frente para a margem. Quando achei que estava longe o suficiente da doca, parei e puxei os remos para dentro do bote.

— O que está fazendo? — ele reclamou. — Mandei você parar? Continue. Continue.

Ele estava atordoado e, quanto mais nervoso ficava, mas histérica era sua voz. Na verdade, seria mais fácil ver o barco próximo à margem do que no meio, onde poderíamos nos esconder na neblina.

Remei mais, seguindo a margem.

— Aonde você quer que eu vá? Não está longe o suficiente para você?

— Fale mais baixo — ele sussurrou. — As pessoas vão acabar ouvindo você. Não, não gosto deste lugar. Continue.

Esse cara tinha todas as características de um rato: magro, agitado e nervoso. E, quanto mais nos afastávamos da beira, mais alterado ele ficava.

— Vamos para lá — ele sussurrou. Remei mais para longe. — Está bom — disse. — Pare aqui. Pare aqui!

Estávamos em uma moldura côncava, com uma abóbada de galhos que estavam caídos. O barco boiava perto de um afloramento baixo e cheio de grama perto da beira. Puxei os remos para dentro, peguei outro envelope da sacola e entreguei a meu convidado.

— Não me dê esse envelope, seu imbecil — ele disse. — Qual é o seu problema? Alguém mais pode ver.

— O que gostaria que eu fizesse? Pedisse a um dos peixes para entregar a você? Quem vai ver a gente? — perguntei. — Somos as únicas pessoas num raio de 15 quilômetros que não estão completamente chapadas.

Lentamente, com uma intenção encenada, ele disse:

— Coloque... o... envelope... no... chão... do... barco. — Enquanto falava, ele tentava não mexer os lábios, como se fosse uma espécie de ventríloquo ruim. — Mas certifique-se de que o envelope vai continuar seco — disse, de maneira rápida e nervosa. — Agora empurre para mim com o pé.

Fiz o que ele mandou e, quando ele se abaixou para pegar o pacote, tive vontade de dar-lhe um chute, por uma questão de princípio.

— Certo, agora reme devagar até a doca, como se fôssemos dois caras comuns dando uma volta de barco numa noite linda.

"*Oy vey*", eu disse bem baixinho. Esse cara precisava de uma semana no bangalô número dois com um par de sadomasoquistas irritados e cheios de couro do Bronx.

Os outros dois passeios para o meio do lago foram tranquilos, graças a Deus. Quando o último homem saiu do barco, esperei até o carro dele ir embora. Depois andei rápido até meu Buick e fui imediatamente para o bar do hotel, onde apertei um baseado gigantesco e fumei até esquecer tudo sobre os barcos, os envelopes e as pessoas loucas que detestavam rock'n'roll.

☮ ☮ ☮

Devia haver algo no ar ou nas estrelas, ou talvez as pessoas tivessem ouvido falar das sacolas de lixo cheias de dinheiro de Mike Lang. De qualquer maneira, no dia seguinte, um vento forte trouxe um velho conhecido meu, Victor, que já fora dono de um hotel em White Lake. Ele entrou em nosso bar e me cumprimentou como se fôssemos irmãos separados há muito tempo. Pediu um refrigerante diet, e eu o servi.

Victor tinha 50 e poucos anos, era alto, estava muito bronzeado, tinha cabelos brancos quase prateados e era bonito de um jeito largado. Havia fugido de White Lake depois de ter realizado um negócio um tanto suspeito. Alguns anos antes de Woodstock, Victor comprou um terreno pantanoso na rodovia 17B por menos de 20 mil dólares. Coincidentemente, no dia seguinte, o conselho da cidade escolheu aquele terreno para construir um estádio. Victor afirma ter ficado completamente surpreso. Mas, como a sorte estava sorrindo para ele, vendeu o terreno por 2 milhões. Qualquer que tenha sido o lucro, era alto o suficiente para inspirar oficiais do estado a investigar o negócio e proibir Victor de realizar qualquer transação no estado de Nova York. Ele ficou escondido a 30km ao norte da rodovia 17B, no lado da Pensilvânia do rio Delaware.

Malandro como sempre, Victor tinha uma nova proposta pela qual ele acreditava que valia a pena ter atravessado a fronteira.

— Há muitos carros e caminhões no estacionamento, Elliot — disse Victor, como pretexto para iniciar a conversa. — As coisas devem estar indo muito bem para você. Como está esse lance do Woodstock?

— Bom — respondi. — Mas, como deve saber, Victor, não se pode agradar a todos o tempo inteiro.

— É, bem, é sobre isso que quero falar com você, Elliot. Esse tal de Lang precisa de uma equipe de comunicação — alguns caras que possam fazer relações públicas com os moradores locais, dar uma amenizada no esquema para que o festival aconteça tranquilamente. Está me entendendo? Fiquei sabendo que certos cidadãos estão recebendo muito dinheiro. E ele precisa de ajuda.

Uma equipe de comunicação? Achei que eu já tivesse sido contratado para fazer isso e dei essa informação a Victor.

— O que tenho em mente é maior e mais lucrativo para nós dois.

Victor explicou que um escritório de comunicação era necessário para garantir que os poderosos da cidade continuassem cooperando.

Comecei a ficar nervoso. Victor era bom de lábia. Conseguia transformar uma extorsão em um ato de bondade da Madre Teresa. E estava agindo como ela, agora.

— Podemos dividir uma quantia de, mais ou menos, 25 mil dólares por sermos valiosos coordenadores do festival de Woodstock — ele disse.

— Vinte e cinco mil é muito dinheiro, Victor — eu disse. — O que o Woodstock vai receber em troca?

Assim que fiz a pergunta, eu me senti idiota.

Com isso, Victor mostrou as garras.

— Você sabe aquela licença que tem, Elliot? Ela, mais as muitas licenças subsequentes de inúmeros departamentos de saúde e segurança, todas podem ser anuladas, revogadas, canceladas, a não ser que — e é aí que você e eu entramos na jogada —, a não ser que Woodstock tenha uma equipe de comunicação forte. Se os responsáveis por Woodstock não nos contratarem — Victor disse —, tenho certeza de que a Guarda Nacional pode ser chamada para acabar com todo o festival. Com esse comentário, Victor terminou seu copo de refrigerante diet, deu um sorriso endiabrado e foi embora.

— Vou manter contato — ele disse enquanto saía do bar.

Fui correndo atrás de Lang para falar sobre a ameaça de Victor. Lang, calmo como sempre, pediu que eu marcasse uma reunião com Victor.

Na manhã seguinte, Victor, Lang e alguns outros líderes do festival se encontraram numa reunião a portas fechadas na área de pichação do bar do El Monaco. Victor descreveu o alcance dos serviços de comunicação e relações públicas agora disponíveis para o festival por 50 mil dólares. Minha parte havia sido reduzida a 10 mil, de acordo com uma matemática complicada que levara em consideração gastos não previstos anteriormente pela parte de Victor. Algumas dessas complicações envolviam dispensar fundos para o alto escalão do Monticello.

Imediatamente após a proposta de Victor, Lang o convidou para seu escritório particular, agora chamado de Woodstock Manor. Meia hora depois, os dois homens apareceram. Lang parecia retraído e pensativo. Victor parecia estar pálido de raiva. Eu estava no bar, quieto, seguindo as instruções de um dos representantes de Woodstock que parecia Walt Disney. Bem, para mim ele parecia com Walt, mas sua voz era muito parecida com a de Mel Blanc e, de vez em quando, ele grasnava como o Pato Donald.

Victor parou quando estava saindo e disse:

— Elliot, é melhor aconselhar Lang e seus amigos sobre como fazer negócio em White Lake. Se eles acham que podem abrir mão de nossos serviços de comunicação, estão me subestimando. Se não houver uma taxa para consultoria, garanto que não vai haver nenhum festival de Woodstock!

Fiquei de olho na porta de Mike naquela manhã. Tanto o Porsche quanto a Harley estavam na frente do escritório, o que significava que ele não havia ido longe. As cortinas estavam fechadas, mas as luzes estavam acesas, e eu podia ouvir uma música tocando. Bem antes do meio-dia, uma limusine chegou e parou ao lado do Porsche. Ninguém saiu dela; ficou parada, como um monstro descansando. De repente, Victor chegou. Ele saiu do carro e acenou com a cabeça para mim como se estivéssemos nessa juntos. Apenas olhei para ele, sem expressar qualquer emoção. Mike saiu de seu escritório, acompanhado de dois executivos. Depois, ele, os executivos e Victor entraram na limusine e foram embora.

Algumas horas depois, a limusine voltou. Victor saiu revoltado, fez uma cara estranha e ameaçadora para mim, entrou no carro dele e saiu cantando pneu. Mike apareceu e fez um sinal de vitória. Fui rapidamente a seu encontro e nos abraçamos.

— Está tudo tranquilo — Mike disse. — Não há com o que se preocupar. Demos um jeito no Victor. Woodstock vai acontecer. Relaxa, baby.

Victor nunca mais apareceu. Mas os malandros não haviam desaparecido completamente.

No dia seguinte, dois homens de Nova York de terno escuro e com um sotaque italiano carregado vieram conversar comigo sobre alugar a Panquequeria Yenta. Eles me ofereceram 2 mil dólares em dinheiro para ficar duas semanas, ou até que o festival acabasse. A Panquequeria estava faturando uns 60 ou 70 mil dólares por semana no máximo. Admito que uma parte de mim ainda estava com medo de que todo o dinheiro que estávamos ganhando evaporasse assim que Woodstock terminasse. Voltaríamos ao ponto no qual estávamos antes de Mike Lang e sua trupe chegarem — implorando para ter clientes, completamente duros e perdendo dinheiro de todas as maneiras possíveis. Até o momento em que Mike surgiu, eu investia entre mil e 10 mil dólares do meu salário por ano no hotel. Depois de 14 anos, é bastante dinheiro, principalmente naquela época. Minha consciência dizia: *Empreste a panquequeria durante duas semanas e acumule a maior quantidade de dinheiro que conseguir antes que o sonho do Woodstock acabe.* Mas meu coração e meus instintos me mandavam tomar cuidado. Aquelas pessoas não eram hippies. Tampouco eram executivos respeitáveis. Eles eram caras perigosos, e eu devia ficar atento a eles. Infelizmente, como burro velho não toma andadura, minha consciência venceu a batalha.

— Está certo — eu disse. Um dos caras me deu o dinheiro e apertamos as mãos. Não recebi nada por escrito.

No dia seguinte, meia dúzia de carros pretos caros e duas caminhonetes estacionaram em frente à panquequeria. Dos automóveis, saíram caixas de comida, bebida, utensílios para cozinha, pratos — coisas normais de restaurante. Até que apareceram caixas em que estava escrito "México" e outras nas quais se lia "Bogotá". Os caras que carregavam as coisas pareciam participantes de um filme de gângsteres de Chicago. Eram morenos, musculosos e, para resumir, assustadores. *O que estavam fazendo aqui?*, imaginei.

Fui até o cara que parecia ser o líder do grupo — um homem com pouco mais de 50 anos, de cabelos grisalhos e um rosto ameaçador até quando sorria — e disse que queria tirar algumas coisas do restaurante.

— De jeito nenhum — ele disse. — Temos direitos como locatários.

Papai tentou conversar com ele. Disse que queria resolver o problema de encanamento no banheiro.

— Não se preocupe, nós consertaremos — disse o líder do grupo.

Eu não estava gostando nem um pouco daquilo e fiquei imaginando o que aqueles criminosos planejavam fazer. Queriam vender drogas? Havia drogas em todas as partes, e a maioria delas era de graça. Resolvi falar de novo com o líder do grupo e disse que queria anular nosso acordo e que eu devolveria todo o dinheiro dele.

— Isso não vai ser possível — ele disse. — Neste momento, o restaurante está fechado porque está sendo redecorado. Se quiser panquecas, pode ir se foder.

Todos querem um pouco da ação

Perguntei educadamente se ele poderia ir ao meu escritório quando estivesse pronto para conversar sobre o restaurante.

Algumas horas depois, o líder do grupo e seu sócio, um cara tipo Frankenstein — muito alto, sinistro e burro —, chegaram ao meu escritório. Eles deixaram bem claro que haviam pago adiantado para ficar com o restaurante durante duas semanas e era o que esperavam ter. Papai insistiu que éramos responsáveis por tudo que acontecia em nossa propriedade e que inspecionaríamos o restaurante. Eles se recusaram a nos deixar fazer isso.

De repente, eu me toquei de que eles não eram os homens com quem eu havia fechado o negócio.

— Onde está o cara com quem conversei? — perguntei.

— Ah, o Johnny? Ele foi chamado para uma reunião de planejamento executivo importante em Sicily — o líder me informou. — Compramos o aluguel dele. Quer ver nosso contrato ou algo parecido?

— Johnny? — perguntei. — Achei que o nome dele fosse Tommy.

— Não, não conhecemos nenhum Tommy.

Tentei convencê-lo de que nunca havia fechado negócio algum com ele e que meu acordo era com Tommy. De repente, o clima ficou pesado e Frankenstein deu um soco no papai. Eu não era um lutador profissional, não sabia nada sobre caratê nem defesa pessoal. Mal conseguia subir nas cordas na aula de educação física na Midwood High School em Flatbush. Mas eu tinha 1,85m e estava uns 13kg acima do peso, então usei meu tamanho da melhor maneira possível. Tentei bater nos dois patetas. Depois, vi meu pai cair no chão e fiquei enlouquecido. Minha mãe ouviu o barulho e entrou correndo com o taco de beisebol de papai na mão. Ela tirava proveito de sua altura. Com 1,48m, ela podia bater embaixo, acertando as pernas dos dois gângsteres. Nós três golpeamos aqueles dois, mas foi minha mãe que acabou com eles, graças ao taco de beisebol do papai. Os dois saíram correndo do escritório nos xingando.

Chamamos a polícia de Bethel. Dois soldados com corte de cabelo militar e óculos escuros espelhados chagaram ao escritório, fizeram algumas perguntas e conversaram rapidamente com o líder do grupo. Depois nos informaram que o problema era nosso. Fomos nós que trouxemos a invasão de hippies a White Lake, e, com ela, suas consequências. Tínhamos de lidar com aquilo e pronto.

Mamãe, papai e eu fizemos uma reunião executiva de imediato e resolvemos que ninguém poderia frequentar a panquequeria durante a estada dos gângsteres. Se tivéssemos uma atitude discreta, talvez eles também tivessem. Além disso, nós chegamos à conclusão de que eles estavam só vendendo drogas, algo que, naquele caso, era como vender gelo no Ártico. Mesmo assim, até o dia 18 de agosto, quando Bethel voltaria a seu estado comatoso e a panquequeria voltaria a seu estado anterior — morta, vazia e desesperadamente à venda —, ficaríamos longe dela.

Além disso, havia muitas outras preocupações.

❧ ❧ ❧

Os ingressos para o show foram comprados por lojas de música, produtoras, bancas de jornal e uma quantidade inesgotável de pessoas. Porém, por mais que milhares estivessem sendo vendidos, essa quantidade não chegava nem perto de refletir o tamanho da galera que estava se aglomerando na fazenda do Yasgur.

Uma cidade de médio porte começou a se formar na área de grama que Max havia delimitado para o show. Milhares de pessoas haviam enchido o lugar, tocavam música, deitavam em toalhas e dormiam em barracas, carros e kombis. Pessoas de todas as cores, etnias, religiões e raças haviam se juntado para criar uma colcha de retalhos humana. Fotografias aéreas do público veiculadas nos jornais eram, ao mesmo tempo, inspiradoras e assustadoras. Mal se acreditava nas fotos pelo simples fato de a extensão e a densidade da população que havia se aglomerado serem surreais.

A equipe do Woodstock havia cercado a área delimitada para o show para que o público não destruísse a fazenda. Mas a quantidade de gente estava aumentando tanto que ficou claro que as cercas não aguentariam por muito tempo. Dez dias antes do show, todo mundo já tinha percebido que a estimativa de 50 a 75 mil pessoas estava ridiculamente longe de ser verdade. A polícia havia presumido que, quando chegasse o dia do show, pelo menos 200 mil pessoas estariam presentes, e esse número poderia chegar a até 500 mil pessoas.

Na maior parte do tempo, o pessoal era pacífico, mas havia conflitos, discussões e algumas brigas. Tudo isso pôs em xeque as medidas de segurança planejadas. Na verdade, a Woodstock Ventures havia montado uma equipe preparada para controlar um número muito menor de pessoas. Se o público começasse a se comportar com violência, a única força capaz de restaurar a ordem seria a Guarda Nacional. Todos nós percebemos que estávamos em cima de um vulcão adormecido que, se não fosse bem administrado, poderia destruir grande parte da região.

À medida que a quantidade de gente ficava maior e mais assustadora, a antipatia de White Lake para com os Teichberg tornava-se mais intensa. O vandalismo havia se tornado uma ocorrência diária. As pessoas passavam de carro e jogavam sacos cheios de lixo em nossa propriedade. À noite, grandes quantidades de esterco de cavalo eram empilhadas em frente à ala agora chamada de Faye Dunaway e a muitos dos bangalôs. Pedras eram atiradas, e janelas quebradas faziam parte da rotina. Equipamentos importantes — nosso cortador de grama recém-comprado, por exemplo — eram roubados. Vândalos agiam à noite e jogavam tinta vermelha na piscina, deixando a água da cor do sangue. As paredes externas do hotel eram regularmente pichadas com xingamentos e ameaças. Estávamos sitiados.

Todos esses eventos tiveram um efeito estranho no papai. Ele ficou realmente mais forte e mais animado à medida que o público de Woodstock aumentava e os moradores locais se tornavam mais hostis. Essa batalha despertava o guerreiro que existia dentro dele. Era como se fosse uma espécie de tônico. Ele levava seu taco de beisebol para todos os lugares com um orgulho que eu nunca tinha visto. Grupos de jovens, brigões, apareciam regularmente em nossa propriedade, fazendo ameaças. A maioria dos encontros eram apenas isso — ameaças —, mas muitos resultavam em ataques físicos também.

Um dia, papai se preparou previamente para a luta do dia entrando em sua caminhonete verde com portas brancas em que se lia "Empresa de Telhados White Lake", e a estacionou em frente ao nosso escritório. Havia uma caldeira de calefação de piche na caçamba da caminhonete. Papai ligou a caldeira e, quando um grupo de valentões chegou perto do escritório, o piche estava pronto. Ele enfiou o rodo no piche e ameaçou cobri-los com aquela substância quente se chegassem mais perto. Depois ele enfiou um rotador na caldeira, usando-o para atirar bolas de piche nos valentões. Foi inesquecível vê-lo rindo enquanto cobria o grupo de piche, afugentando-os, jogando bolas na cabeça deles.

Meu pai era um homem que havia passado toda a vida submisso, de cabeça baixa e derrotado, não apenas pelos desafios da vida, mas por uma esposa que o maltratava diariamente. Agora, ele era o rei do castelo — um castelo completamente lotado. Papai ia diariamente ao banco com sacolas cheias de dinheiro. O hotel havia finalmente saído do vermelho. Agora, quando carros ocupados por moradores de White Lake passavam para importuná-lo, ele apontava para nosso estacionamento ou para a placa escrita "Lotado" em frente ao escritório. Ele queria que todo mundo na cidade soubesse que estávamos indo muito bem. Às vezes, quando as pessoas o hostilizavam da rua, ele batia o taco de beisebol na palma da mão virada para cima, como se dissesse que adoraria enfrentá-las caso estivessem dispostas.

Papai acabou enfrentando várias brigas. Em uma tarde, dois homens apareceram no hotel ameaçando cortar minha cabeça naquele momento se não cancelássemos o show. Um dos valentões tinha um cano de chumbo, que começou a girar sobre a cabeça em círculos grandes. Eu o mandei sair, mas ele começou a vir em minha direção. Procurei algum tipo de arma, mas não havia nada que servisse. Do nada, papai, com o taco de beisebol em punho e se parecendo muito com Mickey Mantle, surgiu atrás do cara com o cano. Nenhum dos dois valentões o havia visto. Papai bateu embaixo, como um bom batedor que quer pegar uma bola caindo. O golpe foi certeiro na parte de trás das pernas do cara. *Pof!* Ele caiu no chão, desesperado de dor. O outro resolveu socorrer seu parceiro, mas, antes de conseguir, eu me joguei e acertei um soco na mandíbula dele. Ambos se levantaram e saíram correndo, um mancando muito e o outro com a mão no rosto. Papai veio rindo, com brilho nos olhos. Ele colocou o braço no meu ombro e disse:

— Viu só, viu só? Agora eles sabem que não podem mexer com os Teichberg.

Nós dois rimos alto, aliviados por termos sobrevivido ao ataque e muito, muito orgulhosos de nós mesmos.

Algo estranho e maravilhoso estava acontecendo entre mim e meu pai. Pela primeira vez na vida, nós nos respeitávamos como homens. Nunca havíamos rido tanto juntos nem nos abraçado tantas vezes. Começamos realmente a gostar um do outro. Mas tivemos ajuda nesse aspecto.

Um dos maiores benefícios do Woodstock, que, pelo que eu saiba, nunca foi relatado por escrito, era a diversidade sexual. Pessoas de todas as orientações sexuais estavam presentes no show em grandes números. E o mais importante para mim: muitas delas passaram pelo El Monaco. Um dia, uma terapeuta sexual chamada Victoria apareceu e me entregou seu cartão. Ela oferecia seus serviços em troca de um quarto. Mamãe a expulsou do hotel antes que pudéssemos negociar. Mas até mesmo minha mãe não podia impedir que o lugar ficasse cheio de gays, lésbicas e pessoas de orientação ambígua.

Então, um dia, no início de agosto, Georgette apareceu.

Ela chegou num ônibus escolar pintado em cores psicodélicas. Havia flores e serpentes entrelaçadas artisticamente — as serpentes pareciam estar no cio. O ônibus era uma obra de arte DayGlo gigante, mas a verdadeira obra-prima era a própria Georgette. Ela abriu as portas e desceu a escadaria com todos os seus 135kg como se estivesse subindo em um palco da Broadway.

Com um vestido estilo June Allyson e fitas inocentes em seus cabelos que chegavam aos ombros, Georgette era uma rainha lésbica. Ela nasceu na França, mas estava morando nos Estados Unidos há vinte anos. Sua voz, com o sotaque francês, era macia, sedosa e baixa, como se passasse por uma máquina de sorvete da Mister Softee antes de sair da boca.

Georgette não veio sozinha. Ela estava acompanhada de três mulheres imponentes. Millie estava com um vestido de babados e margaridas amarradas com fitas em laços delicados. Hank e Yo-Yo, porém, eram duas caminhoneiras de macacão, camisas listradas e botas de operários.

O ônibus de Georgette não era um ônibus qualquer. Na verdade, era um centro de meditação Zen e terapia holística ambulante. Em 1969, não havia muitos americanos budistas passeando em seus próprios templos psicodélicos de meditação e cura, um detalhe que apenas fazia parte do apelo exótico dessa mulher.

Pedi desculpas a Georgette e disse que estávamos completamente lotados, sem nenhum centímetro de espaço disponível. Ela respondeu que não tinha problema, que só precisava de um lugar para estacionar o ônibus. O único espaço disponível era atrás do teatro do celeiro, adjacente à parede, a qual, assim como o chão, estava perigosamente inclinada. Não vi motivo algum pelo qual ela não poderia ficar estacionada ali durante um mês mais ou menos. Aliás, o ônibus poderia ajudar a manter a parede ereta. E, assim, o templo ambulante adquiriu um pedaço menos luxuoso de White Lake. Acho que esse foi o primeiro templo Zen lésbico a aparecer no condado.

Assim que as quatro mulheres se instalaram em nossa propriedade, a bênção que era a presença delas se tornou visível. Primeiro, elas não escondiam suas preferências sexuais. Até faziam pequenas palestras no pântano sobre feminismo, lesbianismo e as raízes mitológicas do amor homossexual. Fiquei tão emocionado de estar perto de almas afins que imediatamente devolvi o dinheiro que elas deram para o aluguel e as convidei para ficar com a gente permanentemente.

Georgette e suas amigas incorporavam um nível de integração e paz com a sexualidade que eu nunca vira visto antes. Diferentemente do prototípico homem gay, que é obrigado a avaliar os outros homens antes de revelar sua orientação sexual, Georgette anunciava seu lesbianismo em todos os movimentos que fazia. Depois de conversar com ela por cinco minutos, todos sabiam que era homossexual — até mesmo as pessoas que negavam saber. Enquanto isso, Georgette era legal com todo mundo. Ela não era brava; não precisava enfiar seu lesbianismo goela abaixo das pessoas. Muito pelo contrário, era completamente tranquila em relação à sua orientação sexual, o que permitia que os outros ficassem tranquilos também. Para um gay que passou toda a vida no armário, ela era uma ótima mestra. Mas aprender com ela era mais fácil pelo fato de ser mulher. Às vezes, eu me sentia atraído por gays que estavam à vontade com a sexualidade deles, o que complicava as coisas imediatamente. Eu podia observar Georgette com olhos livres de desejo sexual. Ela era uma ótima figura materna, uma deusa da fertilidade, uma mulher com poderes mágicos, uma pessoa que se preocupava tanto com o budismo e a arte da cura quanto com a importância de ser você mesmo.

É claro que todas essas características a transformaram em um ímã para gays nos arredores do El Monaco. As pessoas ficavam à sua volta pelo simples fato de poderem realmente ser quem elas eram. Na verdade, sem fazer qualquer tipo de esforço, a presença dela exigia isso. Ela era tão sincera, tão aberta, tão tranquila e centrada que fazia com que você agisse da mesma forma.

E, talvez, a melhor das coisas era que Georgette e suas amigas não escondiam o fato de me amarem. Essas mulheres fortes, corajosas e sinceras, além de me verem como uma pessoa que podia ser amada, também me achavam de boa índole. Não me viam como judeu, nem gordo, nem gay — todas as coisas pelas quais eu era constantemente rejeitado. Elas me viam como uma espécie de herói nesse milagre imenso, vertiginoso e descontrolado que era o Woodstock.

Um dia, Georgette e eu conversamos sozinhos perto do ônibus. Aconchegados em cadeiras dobráveis, relaxamos na sombra de um pinheiro sussurrante.

— Tenho ótimas notícias para você, Elliot — ela disse.

— Ah, é? O quê? — perguntei.

— Ontem à noite, eu e as meninas tiramos uma maldição que estava em você.

— Vocês fizeram o quê? — perguntei.

— Tiramos uma maldição que estava em você — ela disse. — Uma maldição que impedia você de ser autêntico.

— Não entendi, Georgette. O que quer dizer?

— Você era amaldiçoado por algo do seu passado — disse Georgette. — A maldição fazia com que você se odiasse. Dava para ver na sua aura. Havia uma energia negra na sua nuca e na sua coluna. Ela impedia que você recebesse a si mesmo, que se aceitasse. As meninas e eu nos reunimos ontem e a removemos. Agora a energia negra está se dissipando, e logo estará completamente fora de você. Pode demorar um pouco, mas você vai ficar cada vez mais feliz agora. Não está se sentindo mais leve?

— Ficar perto de você sempre me faz me sentir melhor — eu disse —, mas acho que sempre me senti amaldiçoado. Eu tenho até um nome para ela. Eu a chamo de a maldição dos Teichberg.

— É, você com certeza tem uma sabedoria intuitiva em relação a isso. Mas agora que a maldição não está mais tomando conta você poderá concretizar seu verdadeiro potencial espiritual.

— Ah, que bom! — eu disse. — Mas sou ateu, Georgette.

— No budismo, não acreditamos que há um cara lá em cima chamado Deus. Dizemos que existe vida e que ela continua eternamente. Acreditamos que a vida é uma escola e que sempre voltamos para aprender lições e resolver nosso carma. O carma é só mais uma palavra para causa e efeito. Se você fizer algo bom, terá um carma bom. Se cometer um erro ou fizer algo ruim, seu carma será complicado. Você criou muitas causas boas, Elliot. Olhe à sua volta. Veja o que você ajudou a criar. É tudo carma bom, meu amigo. E já estava na hora de se livrar dessa maldição, não acha?

— Concordo — respondi. Levantei da cadeira e dei um abraço nela. As lágrimas desciam pelo meu rosto. Que boa ação havia trazido essa deusa para minha vida? Naquele momento, não importava o que eu acreditava sobre a maldição dos Teichberg nem se eu estava livre dela ou não. Ela havia me visto, tinha conhecido até meu lado mais obscuro, e me amava. Essa cura já era suficiente.

Depois que Georgette e eu conversamos naquele dia, comecei a pensar cada vez mais sobre sair do armário para meus pais. Eu queria dizer a eles que eu era gay. Eu precisava dizer a eles — e ao mundo todo — quem eu realmente era. Só precisava encontrar o momento certo.

Enquanto isso, uma coisa estranha começou a acontecer diante de meus olhos: meu pai e Georgette se tornaram grandes amigos. Na verdade, os dois eram loucos um pelo outro, e dava para ver claramente que ele adorava ficar perto dela. Começaram a passar mais tempo juntos. A caminho do ônibus, eu via Georgette e papai sentados nas cadeiras dobráveis, conversando. O que me impressionava era o fato de eles parecerem ter uma conversa íntima. Muitas vezes estavam rindo. Em outras ocasiões, Georgette estava conversando baixo com papai, e ele apenas concordava com a cabeça. Que visão estranha — eu nunca havia visto meu pai conversando intimamente com ninguém a minha vida toda. Mas lá estava ele com Georgette, fazendo piadas, ouvindo o que ela tinha a dizer e acenando com a cabeça, como se estivessem compartilhando uma verdade profunda. Toda vez que percebia que eles estavam conversando, eu saía de fininho, sem ser visto.

O mais impressionante é que, quando Georgette, papai e eu estávamos juntos, ele passava algo para mim através do olhar ou, como dizia Georgette, através da aura. Não tinha erro: papai estava me passando amor.

Ele estava mais gentil e me olhava com orgulho. Fizera isso o verão todo, ou melhor, desde que Mike Lang e companhia apareceram. Mas ele ficava especialmente carinhoso quando estávamos com Georgette. No começo, não percebi o que estava acontecendo. Afinal, papai estava ficando velho. Mas, um dia, ele sorriu para mim, e eu percebi que ele sabia que eu era gay e que ele me amava e estava orgulhoso de mim.

Não aguentei. Fui até o bangalô número dois para pensar. As coisas estavam mudando tão rápido que eu não conseguia entender quem eu estava me tornando. Meu antigo eu, quem quer que essa pessoa tenha sido, estava se dissolvendo diante de meus olhos. Eu estava mais tranquilo, seguro e em paz. Todos os aspectos de minha vida haviam mudado no verão de 1969. E agora isso — o olhar do meu pai. Em algum lugar lá no fundo, eu ainda era aquele garotinho que consertava telhados com o pai, sempre esperando que ele visse o quanto eu estava me esforçando. E agora, Woodstock, um furacão enorme de música e poder, invadira nossa cidade e mudara todos nós.

Até mamãe estava mudando. É claro, ela estava no céu contando dinheiro, depositando um pouco e escondendo mais em seus esconderijos secretos. Estava tão ocupada contabilizando que nem percebeu que quatro Sabbaths haviam passado em branco. Para ser justo, esses eventos eram novos para nós — depositar dinheiro em vez de pegar emprestado ou aumentar nossos empréstimos já existentes. O fato de o hotel estar lotado também era uma experiência nova, apesar de estar talvez três vezes mais do que poderia ser considerado legalmente lotado.

Agora, seu único problema era adaptar sua nova prosperidade ao Todo-poderoso. Geralmente, ela falava da vida dos filhos, a do meu pai, de seus diversos projetos empresariais e de sua própria vida — tudo o que ela estava tentando controlar naquele momento. Mas agora, com todo esse dinheiro entrando, até no Sabbath — um dia em que as leis judaicas proíbem o manejo do dinheiro —, ela tinha de estar em paz com o Todo-poderoso. Eu podia escutá-la através das paredes finas de madeira compensada que separavam o quarto dela do escritório. Independentemente do teor da conversa, ela sempre terminava sua longa discussão noturna com Deus fazendo as mesmas promessas:

"Deus, sei que o Senhor vai me perdoar por manejar dinheiro nesses últimos Sabbaths, pois este é um momento de necessidade e desespero meu. Sei que o Senhor não teria enviado esse festival se não quisesse nos ajudar, então estou trabalhando todo dia para demonstrar minha gratidão. Noé não trabalhou intensamente na arca durante 40 dias? Assim que esse festival que o Senhor enviou terminar, farei uma doação generosa, obrigarei Elli a frequentar a sinagoga, fazer Yizkor, comer alimentos kosher, encontrar uma bela esposa judia e agir normalmente! Obrigada, Deus, por nos salvar da ruína."

Oy vey. Está certo, ela ainda tinha muito que melhorar, principalmente quando se tratava de reconhecer seu filho como um adulto que tinha sua própria vida, uma vida que ela já não precisava mais salvar. Mas eu já havia aprendido a ter expectativas realistas em relação à minha mãe há muito tempo. E ela estava mudando. Eu tinha de reconhecer isso.

Talvez tenha sido o dinheiro, que agora era abundante, ou as vibrações positivas que irradiavam das pessoas de Woodstock, ou as nuvens de fumaça de haxixe que flutuavam pela área toda noite. Talvez tenha sido tudo isso. Qualquer que seja o caso, mamãe estava definitivamente se tornando mais humana. Ela não gritava tanto nem era tão mão-de-vaca. Eu nunca a havia visto tão tranquila e, às vezes, ela era genuinamente generosa com as pessoas — pelo menos em comparação a como era antes. Não cobrava mais por sabonete nem toalha. Para ela, isso transformara-se em uma espécie esquisita de caridade. Eu realmente fiquei maravilhado com essa mudança. Mas esperava que continuasse assim depois que o festival acabasse.

A caridade só existe quando as pessoas acreditam que já têm o suficiente, e o sentimento de abundância estava prestes a ser abalado.

No início de agosto, vimos que tínhamos um problema sério. Nossa comida estava acabando rapidamente. Li-

Todos querem um pouco da ação

guei para atacadistas e fiz pedidos de, literalmente, dezenas de trailers de água em garrafa, lanches, refrigerante, cachorro-quente e outras coisas básicas. Depois de pararem de rir e perceberem que eu estava falando sério, os distribuidores solicitavam o pagamento adiantado. Eu não tinha crédito com fornecedores. Além disso, não tinha experiência em pedir comida naquela quantidade e não sabia se estava pedindo pouco ou muito. Enquanto isso, Mike estava muito ocupado com as demandas do festival. Ele fazia viagens a Nova York para arrecadar fundos necessários para alimentar, proteger e fornecer saneamento para a plateia enorme e inimaginável que a Woodstock Ventures tinhas em mãos agora. Papai e eu conversamos e decidimos que seria inteligente investir em dois trailers de refrigerante e mais dois de comida, além de deixar mais cinquenta de reserva. Porém, a multidão ficou tão grande e o fornecimento de comida tão pequeno que poderíamos ter pedido cinquenta vezes o que pedimos e ainda precisar de mais. A cidade de hippies em crescimento tinha o poder de destruir toda a área de Bethel — e todos na cidade sabiam disso. Realmente, essa informação deixava os moradores locais apavorados. Mas os hippies também tinham o poder de fazer algo realmente extraordinário. Nenhum de nós sabia o que iria acontecer e, para dizer a verdade, estávamos morrendo de medo.

11

O dia é salvo

Nos últimos 10 dias antes de o festival começar, o espaço e o tempo começaram a fazer coisas estranhas e imprevisíveis: o espaço encolheu e a noção de tempo foi perdida. A realidade, pelo menos aquela que os moradores de Bethel compartilhavam, havia sido tomada pela contracultura. As regras eram outras agora.

O Woodstock provou que, quando a força é a quantidade, as pessoas podem exercer uma liberdade que, do contrário, não estaria disponível, principalmente se essa liberdade não machuca ninguém. Os jovens que vieram ao Woodstock fumavam maconha e usavam outras drogas em público. Tiravam a roupa e nadavam pelados nos lagos. Faziam amor no mato. Às vezes, nem iam para o mato. Homens e mulheres se beijavam, homens e homens se beijavam, mulheres e mulheres se beijavam. Muitas pessoas se juntavam e se beijavam em todos os lugares. E estavam fazendo isso em proporções grandes demais para serem compreendidas.

A maioria das pessoas que chegava em Woodstock ficava na fazenda do Yasgur, mas havia milhares delas perambulando por Bethel e White Lake. Elas estavam em todos os lugares, andando em rebanhos pela rodovia 17B, a caminho da fazenda. Locomoviam-se em massas nas ruas e calçadas. Ninguém conseguia dar um passo sem esbarrar em milhares de hippies; não havia lugar algum para se esconder do extraordinário evento que estava acontecendo diante de nossos olhos. O mundo havia chegado a Bethel, e o efeito era, ao mesmo tempo, dominador e atordoante.

A claustrofobia se tornou um problema devastador. Os moradores locais estavam acostumados à tranquilidade de lugares abertos e rotinas diárias, as quais eram sua fonte de segurança. Antes do Woodstock, as mercearias e lojas da cidade estavam acostumadas com uma ou duas pessoas entrando de cada vez. Dez pessoas numa loja ao mesmo tempo era algo parecido com uma perturbação da ordem pública. Agora centenas de pessoas ficavam em filas para comprar comida, água, refrigerante, papel higiênico e sabonete, e havia mais centenas a caminho.

É claro que os preços subiram enlouquecidamente. Uma garrafa de água era vendida por 5 dólares. Pedaços de pão, embalagens com frios, garrafas de refrigerante e caixas de leite estavam se tornando cada vez mais preciosos. A comida estava acabando, o que só aumentava o medo e a histeria das pessoas.

Era a Hog Farm, uma comunidade organizada no início dos anos 1960, que providenciava a comida. Aparentemente, Mike Lang e seus sócios haviam pedido ao líder da comunidade, um homem chamado Wavy Gravy, para ajudar na segurança do festival. Ele aceitou, e também montou uma cozinha para fornecer comida ao público. Mais tarde, a fazenda se gabaria com o fato de ter fornecido "café na cama para 500 mil pessoas". Sem dúvida, essa comida ajudou a manter a paz.

No El Monaco, presenciamos os perigos que a falta de comida pode trazer. Naquela semana, os dois caminhões cheios de comida que papai e eu havíamos pedido finalmente chegou ao hotel. Assim que terminamos de descarregar, a notícia da chegada já se havia espalhado pela área. Em algumas horas, uma multidão de centenas de pessoas correu atrás dos caminhões, pronta para arrancar as portas e pegar o que conseguisse encontrar. Papai foi até os caminhões, abriu as portas traseiras e mostrou a todos que ambos os veículos estavam vazios. Dava para ver a decepção e a raiva estampada em suas faces. Nem papai nem eu sabíamos o que a multidão faria em seguida, mas a imagem deles saindo do hotel e destruindo tudo até encontrarem comida surgiu na minha cabeça.

De repente, um jovem com um violão subiu no teto de um dos caminhões, sentou e começou a cantar "Blowin' in the Wind", de Bob Dylan. E, graças a Deus, o garoto sabia cantar. A voz dele ecoava forte e limpa.

A plateia olhou para o menino com um misto de surpresa e admiração. E então algo tomou conta de todo mundo — sua raiva se dissipou. Dava para ver os ombros relaxando e os corpos se soltando. Muitos sorriram e riram. Outros cantaram junto. Em menos de dois minutos, o clima ruim havia desaparecido. Alguns se abraçaram, outros foram embora com calma e, em pouco tempo, a multidão se dispersou em paz. O poder gentil da música não podia ser negado.

Felizmente, o problema não assumiu proporções maiores. Os sócios do Woodstock conseguiram que um estoque de comida, água e outros itens básicos viessem de helicóptero — a única maneira rápida de se chegar a White Lake. Os carros e caminhões na rodovia 17B estavam se locomovendo como tartarugas, quando saíam do lugar.

Todo metro quadrado de nosso terreno no El Monaco estava alugado. Até o pântano, onde as pessoas acampavam em carros, ônibus escolares e kombis. Milhares de grupos se amontoavam nos quartos, assim como em espaços diferentes que papai e eu havíamos transformado em quartos. Mais de quinhentas pessoas moravam no El Monaco agora, e nem eu sei onde enfiamos todas elas.

O papai e eu enchemos a piscina com água potável e puxamos mangueiras por toda a área, para que as pessoas pudessem ter água de graça quando quisessem. Foi um milagre que nossos quatro poços e suas respectivas bombas continuassem funcionando apesar das ameaças diárias feitas pelos moradores, os quais prometeram colocar veneno na água ou destruir as bombas. O chuveiro da piscina ficava aberto para todos que quisessem tomar banho. O sabonete, assim como outras coisas básicas, havia acabado há muito tempo.

Por pura necessidade, transformamos o El Monaco em um centro de primeiros socorros improvisado para centenas de pessoas que apareciam com cortes e machucados, ou que precisavam de um lugar seguro para esperar passar a bad trip da droga. Peguei todos os lençóis que encontrei no estoque e usei para cobrir pessoas que tremiam quando a onda estava passando. Papai e eu cavamos trincheiras nos espaços embaixo dos prédios do hotel e criamos "camas" de emergência. As pessoas, a maioria delas jovens, apareciam do nada para nos ajudar com os que estavam drogados ou que haviam se machucado em um acidente. Tínhamos um centro de triagem funcionando, mas, se nem papai nem eu pudéssemos chegar a quem precisava de ajuda, três ou quatro pessoas surgiam para cuidar de qualquer um que precisasse de cuidados médicos.

Familiares nervosos de todos os lugares do mundo nos ligavam diariamente para perguntar se havíamos visto seus entes queridos, ocupando as linhas por longos períodos. O que precisava ser feito naquele momento tomou conta de nossa vida. Nos entregamos às exigências dessa nova realidade, a qual nos obrigava a cuidar dos outros e fazer o que fosse possível para ajudar os necessitados. O Woodstock era uma energia vital, com o próprio código e com um poder que ia muito além do que podíamos imaginar. Todos em Bethel sabiam que haviam perdido o controle dos acontecimentos. Muitos estavam dispostos a seguir o fluxo, mas a maioria estava simplesmente aterrorizada.

É claro, o grande medo entre os moradores é que os hippies pudessem causar um tumulto e destruir Bethel. Rolavam boatos de atrocidades inimagináveis cometidas na fazenda de Yasgur. Membros do Hell's Angels estavam à solta, diziam, roubando e cometendo estupros e assassinatos. Os hippies faziam sexo grupal. Estavam chapados e enlouquecidos. Cachorros e gatos estavam transando uns com os outros. Nada disso era verdade. Bom, pelo menos os boatos sobre a violência não eram verdadeiros. Mas eram o suficiente para gerar terror nos moradores e os deixarem descontrolados.

Ficou claro para mim que, se as coisas ficassem feias, precisaríamos de mais segurança no El Monaco. Só tínhamos o papai, o taco de beisebol dele e eu. Apesar de ter se dado bem contra a máfia, não podíamos contar com a mamãe em um tumulto. O máximo que ela poderia fazer era rogar uma antiga maldição russa nas pessoas, mas o efeito demoraria um pouco. Precisávamos de um ou dois soldados. Infelizmente, não havia ninguém com quem podíamos contar — quer dizer, até Vilma aparecer.

No início de agosto, saí do escritório no meio de uma tempestade. Bem na minha frente, parada na lama e na grama encharcadas, estava uma mulher alta e robusta, segurando um guarda-chuva preto grande, me encarando. Ela tinha pelo menos 1,88m, estava com um vestido preto de lantejoulas, meias-arrastão e salto alto fino. Sua maquiagem era tão pesada que poderia ser usada como cola para papel de parede. Seus cílios falsos eram como dois pares de dentes pretos. Seu cabelo artificial estava alto, preso por palitos laqueados, e tão duro que poderia ter ganhado patrocínio de uma empresa de laquês.

Eu não a havia visto fazer o check-in, eu teria lembrado. Eu a encarei de volta, assistindo enquanto seu salto alto afundava na lama. Ela me lembrava Marlene Dietrich, com uma dose a mais de testosterona e muito mais anos de experiência. Mesmo assim, era uma visão e tanto, devo admitir. Seu olhar não vacilava. Na verdade, parecia estar me chamando.

— Permita que eu me apresente — ela disse. — Acho que ainda não nos conhecemos.

Que sotaque era esse? Russo, alemão, de New Jersey? Decidi que era uma mistura dos três.

— Sou a baronesa Von Vilma. Tenho observado você há alguns dias. Você não me parece um tipo que joga golfe. O que está fazendo?

— Sou o dono — respondi.

— Ah, um homem de propriedades. Sabia que você era mais que um carregador de tacos e menos que um grosseiro. Estou aqui para oferecer meus serviços. Você me parece ser um homem que pode me apreciar.

Enquanto dizia isso, ela tirou um chicote com várias tiras impressionantes do cabo do guarda-chuva. Eu não soube como reagir. Nunca me envolvera com uma dominatrix antes.

— Talvez você tenha um irmão com roupa de couro? — eu disse com um sorriso.

— Posso ser muito flexível — disse a baronesa. E, assim, ela abriu seu vestido de lantejoulas e me mostrou seu segredo. *Ela era homem!*

Vilma deve ter sido a primeira travesti a pisar em White Lake. Não me impressiono facilmente — acho que já vi de tudo quando o assunto é sexo —, mas devo admitir que ela me pegou desprevenido. Apesar de não estar compreendendo minha reação, eu claramente precisava recusar a oferta. Quem sabe eu teria uma postura diferente em outra ocasião, mas eu estava em uma espécie de transição esquisita esses dias. Expliquei que não rolaria sexo entre nós.

Vilma ficou decepcionada, mas entendeu. Ela suspirou e disse:

O dia é salvo

— Talvez você quisesse beber alguma coisa gelada comigo. Seria mais do seu agrado? — perguntou.

— Está ótimo — eu disse.

Fomos até o quarto dela, onde havia uma garrafa de Coca e dois copos de papel, os quais ela encheu para nós. Enquanto bebíamos, Vilma me contou um pouco de sua história. Ela fora, na verdade, um sargento da equipe do general George Patton durante a Segunda Guerra Mundial. Até me mostrou fotos para provar o que dizia. É claro que ela estava bem diferente com seu uniforme de militar, mas não havia como confundi-la. Agora ela era avô de oito netos, travesti e prostituta eventual.

— Você é uma inspiração — eu disse. E foi então que fiquei realmente inspirado. — Vilma, preciso da ajuda de, bem, de pessoas fortes por aqui — disse. — Os moradores locais estão com raiva de mim por ter trazido o Woodstock para Bethel, e às vezes acabam gerando confusão. Até agora, meu pai e eu temos conseguido nos defender, mas as coisas podem ficar piores daqui pra frente. Você pode nos ajudar a vigiar a área — sabe, ser segurança — quando não estiver ocupada fazendo outras coisas?

— Seria uma honra, Elliot — ela disse.

Apertamos as mãos e Vilma quase esmagou a minha, o que parecia confirmar a inteligência da decisão que tomei.

Como um lance do destino, dois jovens criminosos estavam pintando uma suástica na parede da ala Faye

Dunaway quando Vilma e eu saímos do quarto dela. Saímos correndo para impedi-los, mas, antes de chegarmos, um grupo de hippies pegou os babacas:

— O que estão fazendo? — gritou um dos hippies.

— Que ódio é esse? — outro hippie arrancou o pincel da mão do "artista". Rolaram alguns empurrões e, quando me dei conta, os hippies estavam caindo em cima dos criminosos. O papai chegou correndo, com o taco de beisebol na mão, e supervisionou a porradaria. Depois ele tirou os hippies de cima dos vândalos.

— Saiam daqui — ele avisou. — Senão vou enfiar esse taco no olho de vocês.

Virei para Vilma e disse:

— Entendeu o que eu quis dizer? Precisamos de ajuda.

— Elliot, vou manter meus olhos abertos e meus chicotes em mãos.

— Obrigado, Vilma. Já me sinto melhor.

✳ ✳ ✳

A segunda-feira, dia 11 de agosto, começou como um lindo dia de verão, com céu claro, pouca umidade e uma energia brilhante e acolhedora no ar. *O que poderia perturbar uma manhã como esta?*, pensei. Então tive minha resposta. Cinco membros do conselho de Bethel e mais dois executivos locais entraram marchando em nossa propriedade e se encaminharam para a porta do meu pequeno escritório. Todos estavam com uma expressão de coragem no rosto — irritados e determinados, uma atitude que se intensificava à medida que se aprroximavam do escritório.

Bloqueando parcialmente nossa porta da frente, havia oito ou nove jovens homens e mulheres, todos cobertos, dormindo profundamente em sacos de dormir. Os membros do conselho passaram por cima, em volta e entre os hippies, olhando para eles com ódio. O trabalho de terem de passar por essas pessoas dormindo parecia irritar ainda mais as autoridades da cidade. Pela expressão corada que exibiam, percebi que nossa conversa não seria nada agradável.

Depois de entrarem com truculência em nosso pequeno escritório, o líder deles, um homem careca de meia-idade com uma barriga considerável, fez um aviso:

— A comunidade de White Lake está cansada — ele começou. — Não queremos esse festival. O conselho da cidade declarou que Bethel está em estado de emergência. Fizemos um abaixo-assinado direcionado ao governador Rockefeller pedindo que ratificasse nossa declaração e mandasse a Guarda Nacional para tirar da cidade todos os hippies e baderneiros que estão destruindo nossa comunidade. Não vamos mais tolerar nenhum tipo de prejuízo. Se você e sua escória não saírem imediatamente desta região, vamos bloquear a rodovia 17B com uma barreira humana na sexta-feira de manhã! Ninguém vai chegar à fazenda do Yasgur! Este é o único aviso que vamos dar. Representamos a comunidade executiva de White Lake, os comerciantes, moradores e até vizinhos do Yasgur. Está entendendo o que estou dizendo, Elliot?

— Qual é o problema? — perguntei. — Não receberam dinheiro suficiente? Querem mais, é isso?

— De que dinheiro você está falando? — um dos executivos perguntou.

Um membro do conselho da cidade interrompeu com um aviso:

— Cuidado com o que diz! Você nunca viu dinheiro passar para a mão de ninguém!

— Há muito dinheiro envolvido e todos vocês sabem disso — eu disse. — O que vocês realmente estão procurando? É mais dinheiro? Ou estão apenas tentando se reeleger?

— Era outra coisa quando você disse que 20 ou 30 mil pessoas estariam vindo para cá — o líder retomou. — Não foi isso que você disse que ia acontecer. Há meio milhão de pessoas. Veja só a rodovia 17B! Vocês judeus estão ganhando uma grana e tanto. Vocês quiseram nos enganar, mas não vão conseguir se safar! Se acham que o festival de vocês vai acontecer, estão sonhando! Nenhum hippie a mais vai passar pela 17B!

Papai, com seu taco de beisebol, entrou no escritório. Logo atrás dele, apareceu Vilma, com seu 1,88m. De repente, a voz de Vilma surgiu como um estrondo:

— Quero saber o que está acontecendo aqui!

Dizendo isso, ela bateu o chicote contra a porta. Os chihuahuas olharam primeiro para Vilma e depois para o papai, empunhando seu taco, e congelaram.

— Estão invadindo uma propriedade particular — gritei. — Saiam já daqui. Agora!

Bem na hora, Vilma bateu seu chicote.

Foi como se alguém tivesse gritado "Bomba!". Papai e Vilma quase foram atropelados pelos chihuahuas loucos correndo para fora do escritório.

Minha atitude seguinte foi encontrar Mike Lang, meu cavaleiro de cachos, que estava sentado em sua moto, pronto para ir embora da fazenda do Yasgur. Expliquei os últimos acontecimentos.

— Sem problemas, cara — disse Mike. Ele levantou da moto, foi até o escritório e fez uma ligação para um de seus sócios. Depois de desligar, ele disse: — Não tem problema, Elliot. Vamos dar conta desse obstáculo de merda.

Lang me levou para fora do escritório dele e pediu que eu esperasse alguns minutos. Então, foi aos quartos ocupados pelas emissoras — ABC, CBS e NBC. Alguns minutos depois, saiu de um dos escritórios das emissoras e veio andando em minha direção.

— Elli, o que acha de falar na rádio NBC daqui a uma hora? — Mike perguntou. — É no quarto 102. Mande todo o país vir para o festival agora. Avise para não esperarem. Conte a eles o que está acontecendo, fale desses políticos filhos da mãe, cara. Fale das dificuldades. Avise que o festival está vivo, está bem e vai acontecer. Diga que é o nascimento de uma nova nação — a nação Woodstock. Use suas próprias palavras, mas faça com que todos venham agora, pode ser, Elli?

Percebi imediatamente o que Mike queria dizer. Ele sabia que, quanto mais gente fosse ao festival, menos poder o conselho da cidade — e até mesmo o governador — teria para impedi-lo.

— Está certo — eu disse.

Andamos juntos até o quarto 102, que parecia estar a 2km de onde eu estava. Na verdade, as emissoras estavam no El Monaco há duas semanas, chegando logo após minha coletiva de imprensa. A NBC estava no quarto 102, um dos dez que construímos logo depois de expandir a pensão. Antes de o pessoal da imprensa chegar, o quarto havia sido decorado com móveis abanadonso pelas minhas irmãs e pintado com tintas em tom pastel de segunda mão. Os executivos da NBC deram uma olhada no lugar e jogaram todos os móveis fora. Depois pintaram as paredes de preto e instalaram bancadas enormes de equipamentos de rádio e tevê, microfones, cabos, monitores e muitos telefones.

Bati à porta e deixaram que Mike e eu entrássemos. Senti como se estivesse entrando em outro mundo. Havia equipamentos eletrônicos em ambos os lados do quarto, onde meia dúzia de técnicos com fones de ouvido e microfones apertavam e ajustavam botões. O diretor me chamou em uma mesa na qual havia um microfone.

— Sente aqui em frente ao microfone, Elliot — ele disse. Outro técnico colocou o fone na minha cabeça. Mike Lang ficou na parte de trás do quarto.

Assim que percebi que ia falar com milhões de pessoas, comecei a tremer. Por um segundo, senti minha perna ficar sem força. Será que eu conseguiria? Minha vida toda havia me levado àquele momento. Senti o peso do meu sonho e do sonho do festival. A vida do Woodstock e tudo o que ele representava para as pessoas estavam em jogo.

Em minutos, o programa começou, e um dos homens anunciou que estávamos falando ao vivo de Woodstock:

— Conosco, Elliot Tiber, dono do Hotel El Monaco, onde nós e boa parte da equipe do Woodstock estamos hospedados. Elliot, o que tem a dizer para nós?

Em algum lugar do meu cérebro, duas coisas aconteceram. Primeiro, fiquei tonto e tudo parecia estar embaçado. Depois, entrei em uma onda e uma rajada de vento de energia passou por mim, enchendo minha boca de palavras que saíam com um poder que eu não possuía segundos antes.

Avisei ao país que o Festival de Arte e Música Woodstock começaria, como esperado, no dia 15 de agosto, dali a quatro dias! Convidei todas as pessoas para virem a Bethel imediatamente. Não esperem, eu disse. Venham agora pegar um lugar na fazenda do Yasgur.

Depois expliquei que o conselho de Bethel estava tentando impossibilitar a realização do evento. Mas continuei explicando que isso não iria acontecer.

— Eles não podem nos impedir legalmente — eu disse. — Temos licenças oficiais e o show vai acontecer. Como não podem nos proibir, eles planejam bloquear o trânsito com uma barricada humana, para que as pessoas não cheguem a Bethel. Precisamos que vocês venham para cá dar apoio ao festival. Se obstruírem seu caminho, desviem ou estacionem o carro e sigam andando. Podem vir direto para a fazenda do Yasgur. Estamos esperando por vocês. Os promotores decidiram que quem vier ao festival agora pode assistir ao show de graça.

"Este evento é mais do que um festival de música e arte. É o nascimento de uma nova nação — a Nação Woodstock. Somos contra a guerra. Nós honramos a liberdade, a música e os direitos civis para todos. Venha para cá e faça parte da Nação Woodstock! — Terminei meu discurso dando direções para vir da cidade de Nova York a White Lake.

A rajada de vento gloriosa que havia tomado conta de mim me deixou tão abruptamente quanto veio. Levantei da minha cadeira me sentindo exaurido, como se eu tivesse acabado de sair de uma luta.

Eu não fazia ideia se alguém nas ondas do rádio tinha ouvido o que eu disse. Não tive retorno algum, não conversei com os ouvintes; era só eu me dirigindo a um objeto coberto por uma rede metálica, esperando que o país inteiro me ouvisse e começasse a se dirigir a Bethel.

O dia é salvo

Os membros da equipe técnica me deram o sinal de positivo e Mike me deu um sorriso transcendente.

— Você arrasou, bicho. É isso aí. Foi lindo.

Naquela noite, a rodovia 17B estava calma. O tráfego continuou fluindo para Bethel, mas o número de carros havia diminuído. Agora eu tinha certeza de que ninguém havia me escutado.

Mais tarde naquela noite, a boate estava cheia, e acontecia um show improvisado por um casal de Bombaim. Eles tocavam instrumentos de corda misteriosos, que eu deduzi que eram cítaras. A noite estava calma e o clima era tranquilo. Infelizmente, reparei que o tráfego que chegava a Bethel havia sido drasticamente reduzido.

Na parte de trás do bar, ficava uma porta que dava em um quarto extra, onde eu geralmente tirava um cochilo ou dormia a noite toda. Abri a porta e caí completamente vestido no colchão. Dormi quase instantaneamente. Não sei por quanto tempo, mas fui acordado de repente pelo som de buzinas de carros. Imediatamente imaginei que os babacas locais estivessem nos atacando. Levantei da cama, cambaleando de exaustão, e peguei um martelo. Abri a porta para o bar e encontrei papai, de roupa, dormindo em um dos colchões que estavam no chão no canto do bar. Do lado dele, estava mamãe, também dormindo de roupa. Eu o acordei. Ao ouvir as buzinas do carro, ele levantou num pulo, pegou seu taco de beisebol e ficou a meu lado. Depois, mamãe acordou e, ao ver o taco na mão do papai e o martelo na minha, começou a procurar uma arma adequada. Na prateleira perto do bar, havia uma garrafa vazia de vinho kosher King David. Ela pegou a garrafa e se juntou a mim e a papai enquanto nos aproximávamos da saída.

Abrimos a porta do bar e ganhamos a noite, esperando dar de cara com nosso destino: uma multidão de moradores raivosos. Em vez disso, presenciamos um milagre. Ali, como um lindo colar de diamantes, havia uma corrente dupla de faróis chegando a Bethel. Da parte alta de onde estávamos, dava para olhar para o sul e ver quilômetros de luzes se mexendo em nossa direção pela rodovia 17B. Não era o Armagedon. Era Moisés levando as pessoas a Bethel — que, em hebraico, quer dizer *casa de Deus*.

Papai, com seu taco para baixo; mamãe, com sua garrafa de vinho kosher; e eu, ainda olhando para meu martelo, ficamos parados, banhados por um rio de luz. Observamos os carros e caminhonetes chegarem à nossa cidade, e as pessoas gritavam para nós:

— Ei, El Monaco, ouvimos você no rádio!

— Recebemos sua mensagem! — outros gritavam. Os carros e caminhonetes, muitos pintados em cores DayGlo, estavam cheios de pessoas de todas as idades e todas as cores — negras, brancas, amarelas, mulatas e índias. Muitas fizeram o sinal de paz, outras acenaram. E às 3h da madrugada, todo mundo estava feliz e mais do que pronto para comemorar.

Um sentimento sublime passou por mim como águas que curam.

O dia é salvo

— Não acredito que essas pessoas estejam aqui para nosso fim de semana dos solteiros, pai. O que acha? — Ele simplesmente sorriu e acenou para as pessoas que acenavam para nós. Eu nunca havia sentido tanto amor e redenção em toda a minha vida.

Finalmente, nós três fomos para o quarto e caímos no sono.

De manhã, ligamos o único aparelho de tevê que funcionava e vimos imagens da avenida New York State, engarrafada da cidade de Nova York até a entrada de Bethel. Outras imagens revelavam que avenidas alternativas e atalhos também estavam completamente lotados. Finalmente, um repórter mostrou a rodovia 17B: havia quilômetros de carros parados. "Bem-vindos ao maior estacionamento do mundo", ele disse.

Eu estava no paraíso. Papai me olhou, com seus olhos escuros reluzindo. Foi o suficiente para partir e curar meu coração de uma só vez.

Pulei da minha cadeira e disse:

— Isso pede uma placa nova.

Peguei meus pincéis, minhas tintas, um pedaço grande de madeira compensada e escrevi:

Bem-vindos ao Festival Woodstock.
Bem-vindos ao lar.

Pendurei em frente a nosso bar, exatamente em cima da antiga placa, que dizia: "Hotel à venda — a um preço que você pode comprar."

Mais tarde naquela manhã, a polícia transformou a rodovia 17B em um corredor de cinco pistas, todas indo para a mesma direção. Quando vi aquela estrada completamente lotada, pensei comigo mesmo: *Quero ver nos impedirem agora.*

No dia seguinte — terça-feira, 12 de agosto —, Mike Lang e todo o conjunto de funcionários do Woodstock saíram do El Monaco e foram para a fazenda de Yasgur. O hotel ficou vazio durante três horas — o tempo necessário para ocupar novamente os quartos e espaços alternativos em todo o complexo. Em um dia fomos de lotados para vazios e para lotados de novo.

Na quarta-feira, eu estava tentando agilizar alguns documentos quando uma pessoa desconhecida entrou em meu escritório. No começo achei que fosse mais um gângster procurando seus sócios na Panquequeria Yenta. Ele vestia terno com colete e sapatos pontudos feitos de algum réptil morto — e estava no meio da cidade hippie, onde até o jeans e as sandálias eram opcionais.

— Você deve estar procurando seus sócios da panquequeria — eu disse. — Basta seguir naquela direção que irá encontrá-los.

— Estou atrás de você, Tiber — disse, com uma gravidade ameaçadora.

— Como posso ajudá-lo?

O dia é salvo

— Você vai cancelar esse festival agora ou nós vamos cancelar seu negócio permanentemente quando essa coisa acabar.

Eu já estava acostumado com todos os tipos de ameaça, e a maioria delas não significava mais nada para mim, mas esse cara me deu um susto. A atitude dele era ameaçadora, e eu estava atordoado com o verdadeiro sentido de perigo que o envolvia.

— Não tenho controle sobre o festival — disse. — Perdemos o controle há cerca de um mês.

— Vou tentar esclarecer as coisas para você. Você vai cancelar essa coisa, senão vai se dar muito mal. Aproveite os próximos dias, Tiber. Dê uma boa olhada para o seu El Monaco, porque há pessoas — pessoas influentes — afirmando que você não terá mais o seu hotel assim que esses arruaceiros e hippies drogados forem embora. Cansamos dessa porcaria de lei, está entendendo? Não gosto de você nem de pessoas como você. Vai ser um prazer acabar com você e com este lugar.

Com isso, ele abriu o botão do paletó. Dava para ver o reflexo de um objeto metálico embaixo do casaco.

Antes que eu pudesse dizer "Socorro, Mike Lang!", a baronesa Von Vilma entrou em meu escritório. Ela acabara de fazer a patrulha de segurança pelo complexo do El Monaco. Estava vestida com um uniforme militar feminino — apertado demais para ela, em minha opinião. Seus seios falsos empurravam os botões metálicos da jaqueta. Enquanto isso, sua barba malfeita, que já se tornara uma barba e tanto, estava aparente por baixo da maquiagem pesada. Isso mesmo, um homem condecorado do exército, de barba malfeita, vestindo um uniforme militar feminino veio me salvar. O que poderia ser mais apropriado?

— Elliot! — intimidou a baronesa com sua voz grave. — Este homem está incomodando você?

Rapidamente, expliquei a situação.

Em um instante, Vilma tirou uma pequena pistola prateada que, pelo que pude ver, era uma arma de brinquedo pomposa. O que quer que fosse, parecia verdadeira o suficiente para todos nós. E Vilma estava realmente séria. De repente, seu sotaque sumiu e ela deixou que sua verdadeira voz fosse ouvida.

— É melhor sair logo daqui, meu chapa, senão vou fazer uns furos nesse seu terninho chique. Se eu vir você por aqui novamente, vou atirar na hora. *Capisce?*

Não sei o que assustou mais o gângster: a arma de Vilma ou a própria Vilma. O cara ergueu as mãos, levantou as sobrancelhas até a linha do cabelo e saiu correndo pela porta.

☮ ☮ ☮

A atividade ininterrupta estava começando a me afetar. Eu estava exausto, mas sabia que não podia descansar. Precisava estar atento a tudo da melhor maneira possível, pois havia muita coisa em jogo — tanto no plano pessoal quanto para o evento que estava mudando a minha vida. Mesmo assim, dava para ver que a energia dos meus pais estava se esvaindo. Eles estavam velhos, e o trabalho e os ataques diários os estavam desgastando muito. Decidi que precisavam de um tempo, tirar férias rapidamente.

Então assei biscoitos de haxixe. As pessoas guardavam uma quantidade enorme de haxixe e maconha na geladeira do nosso bar, e eu peguei um pouco — apenas o suficiente para todo mundo dar uma relaxada. Misturei o haxixe na massa do biscoito, acrescentei pedaços de chocolate e assei durante 12 minutos. *Voilà*! Biscoitos especiais! Eu já tinha ouvido falar em brownies de haxixe, mas nunca tinha visto biscoitos de haxixe. Fiquei curioso com o efeito — se houvesse algum — que os biscoitos surtiriam.

Com os biscoitos assados, pedi a meus pais que viessem ao bar para fazer um lanche. Nesse momento, o bar funcionava mais como abrigo para as chuvas de verão e como ponto de parada para transeuntes — havia água e tinha um dos poucos banheiros públicos disponíveis. Mamãe e papai encontraram uma mesa vazia, e eu servi biscoitos e café para todos. Depois os biscoitos foram oferecidos a outras pessoas no bar.

— Oh, Eliyahu, esses biscoitos são bons. São kosher, não são, Eliyahu? Você não quer que sua pobre mãe faça Deus infeliz agora.

— Tenho certeza de que esses biscoitos deixariam qualquer rabino muito feliz, mãe — eu disse.

No começo, não achei que nenhum dos dois pudesse ficar chapado, pois estavam sempre sérios, trabalhando duro, preocupados e aterrorizados a maior parte do tempo. Mesmo assim, logo depois, percebi que o haxixe estava fazendo sua mágica. Papai foi o primeiro a apresentar reação. Ele começou a dar risada do nada. Seu corpo todo entrava em convulsão com as gargalhadas.

— Você viu aqueles moleques que estavam pichando a nossa parede, eles estavam tão engraçados quando tirei os hippies de cima deles. Pareciam que iam mijar nas calças. Você viu, Eliyahu? Você viu?

— Vi, sim, pai. — Ele continuou a dar gargalhadas.

Logo depois, mamãe também estava rindo. Ria tanto que fiquei com medo de ela quebrar uma costela.

— Qual é a graça, mãe? — perguntei a ela.

— Veja só este lugar — ela disse enquanto ria. — Está uma bagunça. Há pessoas em todos os cantos. Há pessoas aqui, nos quartos, embaixo dos prédios, no telhado, no pântano, em cima do caminhão. Tem gente saindo pelas nossas orelhas.

Quando os dois pararam de rir, ficaram lá parados, satisfeitos com o mundo. Eu nunca os vira tão relaxados. Puxei um colchão para perto de nossa mesa e, quando me dei conta, meus pais exauridos e chapados estavam dormindo, largados na cadeira. Eu os levei até o colchão. Depois peguei um para mim e desmoronei durante umas três horas de descanso.

✶ ✶ ✶

Quando Mike Lang e companhia saíram do El Monaco e foram para a fazenda, eu senti a perda. Tudo bem, estávamos lotados novamente em questão de horas, mas não era mais o dinheiro que me motivava. Eu adorava aventuras, e Mike trazia isso em grande quantidade. Quando ele apareceu, toda a cidade de Bethel ganhou vida. Eu também. Minha vida nunca havia sido tão desafiadora — e ameaçadora — como era quando Mike Lang apareceu. Era o momento mais divertido de minha vida, e eu sabia que havia mudado com aquela experiência, apesar de ainda não saber como. Agora Mike e sua equipe estavam na fazenda do Max. O festival ia acontecer — ele se certificaria disso — e, em alguns dias, o grupo da Woodstock Ventures iria embora. Assim como todos os meus amigos gays e héteros. White Lake voltaria a ficar entediada e entediante. Talvez um matador de aluguel ou outro poderiam vir atrás de mim, mas não seria tão divertido quanto era quando Mike, Vilma e Georgette estavam presentes.

Então, fiz a única coisa que me veio à cabeça: dei um jeito de ir até a fazenda do Max para ver como era o centro do universo. Ir de carro estava fora de questão agora. Eu precisava de uma moto, mas a Harley do

Mike estava com ele. Eu precisaria pegar uma carona na moto de alguém, e para isso, tinha de dar sorte. Andei até a rodovia 17B e lá, sentado em uma moto, estava um policial com óculos escuros espelhados, capacete branco e farda azul. Ele tinha mais ou menos a minha altura, pelo que eu podia ver, e estava em boa forma, forte e magro. Era apenas minha intuição, mas ele parecia ser um cara legal, não um daqueles guardas cruéis que viam todo mundo como estupradores e assassinos. Resolvi me arriscar.

— Oi, sou Elliot Tiber, o cara que ajudou a começar essa bagunça toda — informei ao guarda. — Sou dono do hotel.

Ele acenou com a cabeça para mim e deu um sorriso malicioso, completamente consciente de que metade dos moradores de White Lake adoraria se ele tirasse a arma e atirasse em mim naquela hora. A expressão do rosto dele me encorajou a continuar a falar.

— Você sabe — eu disse —, apesar de eu ter feito parte disso, aliás, a minha parte foi apenas uma de muitas, não vou à fazenda há umas duas semanas e gostaria muito de ver como está agora que o show está prestes a começar. Acha que pode me dar uma carona até a fazenda do Yasgur?

— Claro — respondeu o guarda. — Sobe aí.

Assim que sentei atrás, o guarda insistiu para que eu me segurasse na cintura dele. — Se você cair, eu é que vou me dar mal — ele explicou.

— Saquei — disse eu. Agora foi a minha vez de dar um sorriso malicioso.

Cruzando a estrada, chegamos à fazenda em menos de 15 minutos. Fiquei completamente admirado. Eu havia visitado este lugar regularmente nos últimos 14 anos, e agora estava irreconhecível para mim.

Em menos de um mês, Mike Lang, John Roberts, Joel Rosenman e Artie Kornfeld — com algumas centenas de funcionários do Woodstock — haviam criado uma minicidade que eu nunca imaginaria ser possível. A paisagem em si era um anfiteatro perfeito. Na parte sul do teatro, ficava o palco, o qual devia ter uns 30m de largura. Em cima do palco, havia lonas compridas que protegeriam os equipamentos e os músicos do tempo. Em ambos os lados do palco, havia alto-falantes e amplificadores gigantescos, assim como outros equipamentos eletrônicos. No centro do palco, havia um quinteto de microfones aguardando seus mestres: Havens, Joplin, Daltrey, Hendrix, Baez, Guthrie, Sly, Creedence, Cocker, Country Joe, Crosby, Stills, Nash e Young e muitos outros. A armação que sustentava o palco tinha três andares de altura. Atrás, à direita e à esquerda do palco, havia multidões de barracas, assim como milhares de trailers, caminhões, ônibus e tratores. Quilômetros e quilômetros de cabos e arames faziam o caminho do palco até o equipamento de som. Guindastes estavam estendidos como braços robóticos acima da plataforma enorme.

A algumas centenas de metros em frente ao palco, havia outro arranjo de armações — todos com três andares de altura — acomodando mais alto-falantes. Ao longo do gramado, havia centenas de barracas, algumas bem pequenas, outras maiores e mais elaboradas, e todas de cores diferentes, de amarelo a azul a vermelho. Postos de venda, montados com estacas e cobertos por lonas escuras, pareciam sentinelas simpáticas espalhadas pelo gramado. Nas margens da área, havia coleções de carros, caminhonetes e ônibus pintados em cores psicodélicas reluzentes. Por todo o gramado, 500 mil pessoas, todas unidas como fios multicoloridos em um tapete gigante e elaborado. Era impressionante, inspirador e atordoante, tudo ao mesmo tempo. Observei o público e vi a alegria tranquila estampada no rosto de todo mundo. Era isso o que Mike Lang estava vendo aqui — uma geração que era contra a guerra e que deu mais voz ao movimento de direitos civis. Esses eram os rostos que o inspiraram a chamar essa geração de Nação Woodstock.

As pessoas da plateia estavam tocando violão e cantando. Coros de vozes vinham de todas as direções e em todas as línguas possíveis. Aqueles que não tocavam violão improvisavam com instrumentos criados a partir de metais, madeiras e tecidos reciclados. Pessoas vendiam todo tipo de parafernália: lembranças, jornais, abaixo-assinados políticos e sociais e objetos relacionados a drogas e sexo. Havia uma variedade enorme de tribos também — Hare Krishnas, veteranos do Vietnã, veteranos contra a guerra, protestantes antiguerra, militantes negros, defensores da legalização das drogas e também da proibição delas. Havia católicos, judeus, muçulmanos, hindus e seitas de todas as crenças, todos coabitando em toalhas e barracas, todos com a mesma intenção: divertir-se e ser elevado pela música e por sua visão.

Não dava para chegar a 300m do palco — o público era denso demais para qualquer pessoa se locomover facilmente —, então me mantive na periferia e continuei meu passeio. Acabei dando de cara com uma kombi estacionada com flores pintadas na carroceria. A porta de correr estava aberta e o interior era iluminado por lamparinas e estava revestido de tapetes coloridos. O aroma doce de incenso flutuava lá de dentro, e podia-se ouvir rock. Uma garota magra de mais ou menos 25 anos, com cabelos castanhos compridos, olhos grandes e um sorriso carinhoso, dançava calmamente em um ritmo que era muito diferente da música que ecoava do som da kombi. Deitado lá dentro, esticado em cima de uma almofada, estava o companheiro dela — um jovem com cabelos loiros compridos, corpo de nadador e um sorriso tranquilo no rosto. Ele usava apenas um short cáqui.

Os dois olharam para mim, e o jovem disse:

— Ei, cara, entre aqui. Junte-se a nós.

Coloquei a cabeça para dentro da kombi. O jovem segurava um pedaço bem pequeno de papel com uma gota.

— Coloque na língua, cara. É uma viagem.

— O que é?

— Não faço ideia, bicho. Mas são bons tempos dentro de uma gotinha pequenina.

É isso aí. Eles chamam de pacote de viagem instantâneo. Não sinto dor alguma.

A mulher passava as mãos no meu pescoço enquanto eu lambia o papel. O homem e a mulher me ajudaram a entrar na kombi e a deitar na almofada, ao lado do rapaz. Então, a mulher deitou do meu outro lado. No começo eu não senti nada. Não senti nem a microbolinha se dissolver. Estava concentrado demais nos olhos de esmeralda do jovem nadador. Algo que veio de dentro me obrigou a relaxar e esquecer todas as minhas sufocantes responsabilidades — o hotel, meus pais, as batalhas intermináveis, as pessoas que me odiavam e aquelas que me consideravam um herói. *Esqueça tudo*, dizia a voz dentro de mim. E, em um segundo, eu me dissolvi com a música enquanto as mãos sedosas da garota faziam uma dança sensual pelo meu corpo.

— Em alguns minutos, você vai ter uma onda maneira — disse ela. — Relaxe. Não se preocupe, estaremos com você.

Então o jovem começou a acariciar minhas pernas, e os dois enfiaram as mãos dentro da minha calça. Naquele momento, eu me entreguei. Durante o espaço de tempo que se seguiu — será que foram dez minutos, dez horas ou dez dias? —, fiquei em estado de felicidade, diferente de qualquer felicidade que eu já havia sentido, conhecido ou fantasiado. Formas, cores e sentimentos passavam por mim com a maciez do mel. As formas diziam as palavras mais lindas. Conversei com as lindas cores. Até hoje, não faço ideia do que as formas e cores me disseram, só sei que era tão doce quanto o amor.

Enquanto isso, fantasias sexuais passavam pela minha cabeça, e cada uma delas ia se realizando. Meus dois companheiros de viagem e eu fazíamos parte do elenco de um filme de delírios sexuais. À medida que um acontecimento sexual após o outro se desdobrava, o rosto e o corpo de meus companheiros se transformavam. Às vezes o corpo deles era físico e lindo, outras vezes, era como sombras e seus olhos eram luzes que piscavam. Havia momentos em que eu entrava no corpo deles. Não sei como, mas eu estava dentro dos dois, quase sempre ao mesmo tempo. Depois eu mergulhava em um buraco negro no espaço. Eu ficava pequeno e depois girava impulsivamente para fora. Sensações de alegria e admiração se transformavam em um terror inflexível que, depois de algum tempo, se transformava em sensações de paz e tranquilidade. As cores giravam e dançavam. Eu sentia como se o espaço estivesse se movendo em mim, em vez de eu me mover pelo espaço. Enquanto isso, eu era acariciado pelas duas pessoas carinhosas com quem eu viajava. Era aterrorizante e maravilhoso ao mesmo tempo.

A viagem deve ter durado várias horas, acredito eu, mas finalmente eu me vi sendo acalmado pelo casal. Eles me ensinaram a me concentrar na respiração e dizer algumas palavras mágicas que me protegeriam enquanto o efeito da droga passava. Finalmente, o casal me contou sobre a incrível experiência sexual a três que havíamos acabado de compartilhar. Eles a chamavam de viagem sexual mútua. Depois me ensinaram mais algumas palavras mágicas, as quais me prometeram que me protegeriam e me guiariam no futuro.

A maior parte do que eu conseguia lembrar sobre o sexo eram os toques gentis e expressões de amor que os dois despejavam sobre mim. Tudo o que eu havia conhecido sobre o sexo era freneticamente selvagem. Esse tipo de fazer amor — essas são as únicas palavras que se encaixam na experiência — era diferente de tudo o que eu sabia.

E essa foi minha primeira experiência com LSD.

Eu ainda estava cercado por uma onda densa quando comecei a recuperar meus sentidos, mas, de alguma forma, as pessoas me levaram de volta ao El Monaco, onde a insanidade em alta velocidade não havia mudado nem um pouco. Mamãe e papai estavam atendendo ligações, lidando com a avalanche de exigências e reclamações. Consegui ajudar um pouco — talvez tenha trocado umas roupas de cama ou tenha feito alguns check-ins —, mas não me lembro de qualquer detalhe sobre o que fiz. No fim da tarde, caí na cama e dormi até a manhã seguinte.

☙ ☙ ☙

Chovia naquela sexta-feira, o dia em que o festival começou, mas o tempo não impediu as pessoas de irem ao

Woodstock. O trânsito, que havia atingido o ápice na noite de segunda-feira, continuava intenso. Como disse o repórter da tevê, a rodovia 17B havia se transformado em um estacionamento. Então quem estava indo ao show simplesmente abandonou o carro e foi a pé para a fazenda de Yasgur, transformando a rodovia em uma calçada.

Fiéis à sua palavra, cerca de 12 membros do conselho de Bethel e alguns simpatizantes apareceram com suas esposas e formaram uma barreira humana contra as milhares de pessoas que estavam indo ao festival. Foi, em todos os aspectos, um esforço ridículo e inútil.

Os homens que formavam a barreira estavam vestidos com calças xadrez e camisas com cores de bala, as mulheres, de vestidos fechados. Eles carregavam placas pequenas, escritas em pratos de papel brancos, que diziam: "Festival cancelado por ordem da câmara municipal de White Lake. Saiam de White Lake imediatamente." Os hippies, jovens e idosos, simplesmente davam a volta na barreira, completamente inabaláveis pelas exigências do conselho. Pelo que os hippies sabiam, os membros do conselho estavam falando besteira.

De modo muito inesperado, a barreira foi prova de que a geração que havia aceitado o racismo e a discriminação sexual como questões naturais da vida — a mesma que nos dera a bomba atômica e a Guerra do Vietnã — estava simplesmente acostumada demais a aceitar o *status quo* para fazer um protesto eficiente contra qualquer coisa. Eu poderia ter rido deles se não tivesse achado o trabalho que tiveram incrivelmente triste e até mesmo patético. Com todas as coisas horríveis que aconteciam no mundo, eles haviam concentrado sua energia em impedir três dias de música, paz e amor.

12

Aconteceu em Woodstock

Na sexta-feira, dia 15 de agosto de 1969, às 17h, Richie Havens deu início oficialmente ao Festival Woodstock de Música e Arte com nove músicas. Não foi combinado que ele seria o primeiro, mas era o único artista disponível naquele momento. As estradas estavam lotadas de carros em todas as direções, bloqueando a passagem dos músicos. A única maneira de fazer com que chegassem a White Lake era de helicóptero. Mike Lang implorou para que Havens tocasse, e ele concordou, de má vontade.

Como pôde ser visto, era impossível uma abertura melhor para o show. Determinado porém humilde, como alguém que vê sua missão como algo mais importante que si próprio, Richie Havens subiu no palco com a guitarra embaixo do braço e falou com um mar de rostos esperançosos:

— As pessoas vão ler sobre vocês amanhã e sobre como vocês foram bacanas — ele disse ao público. — No mundo todo, se é que vocês sacaram isso.

Então ele começou a tocar a guitarra de maneira rápida e feroz, como se estivesse possuído.

Os alto-falantes gigantes enviaram a música pesada da guitarra de Havens pelas montanhas e vales de White Lake para que todos ouvissem. A voz empedrada do cantor — tão sincera em sua nostalgia — encantou o coração e a alma de um país que estava desesperado pelo fim da guerra e para espalhar a igualdade entre todos os cidadãos. Havia poucas pessoas que poderiam expressar melhor o espírito daquela época e a dor do coração do ser humano.

Apesar de semanas de ameaças dos moradores locais e da resistência limitada da cidade, o festival Woodstock havia realmente começado. E agora as vozes musicais poderosas de uma nova geração estavam tomando o centro do palco.

Naquela noite, Arlo Guthrie tomou o microfone e anunciou a estimativa mais recente dos policiais em relação à quantidade de pessoas:

— Não sei se vocês estão sacando quanta gente tem aqui, bicho — Arlo disse com sua voz caracteristicamente anasalada. — Eu falei com os homens, sacam? Estão sacando? Bicho, deve haver um milhão e meio de pessoas aqui hojé à noite. Estão sacando essa onda? A avenida New York State está fechada, bicho.

Mais tarde, oficiais locais e estaduais disseram que o número de pessoas na fazenda de Yasgur era de 500 mil. Disseram que mais 1 milhão estava a caminho, mas preso no trânsito, engarrafado desde a ponte George Washington, a 145km dali. Mas acredito que essas estimativas tenham sido muito conservadoras. O evento era muito maior que um Ano-Novo qualquer na Times Square, quando geralmente se aglomeravam 1 milhão de pessoas.

Contrariando todos os medos e boatos que circulavam antes de o show começar, praticamente não havia crime nem violência no festival. Não havia tumultos, nem estupros, nem ataques aos moradores. Na verdade, quando as pessoas de Bethel interagiam de fato com os hippies, elas os achavam educados, respeitosos e carinhosos. A única coisa que se assemelhou a um crime aconteceu quando garotos cortaram o arame farpado em volta da propriedade de Max e entraram no show sem comprar ingressos. Mas não era um delito grave, já que Mike e eu havíamos anunciado que o show era de graça. E, durante o show em si, a Woodstock Ventures avisou à plateia que todos eram bem-vindos.

Um espírito verdadeiro de generosidade, colaboração e comunidade tomou conta das pessoas na fazenda do Yasgur. Dava para ver nos sorrisos largos, nos sinais de paz constantemente mostrados e na ajuda que ofereciam a desconhecidos. Mesmo as condições difíceis não diminuíram o clima festivo nem o amor e o carinho que as pessoas demonstravam umas às outras.

Ao longo do fim de semana, chuvas pesadas caíam periodicamente, encharcando o público e transformando o prado coberto de capim em um campo de lama gigantesco. As pessoas precisavam ficar em pé ou sentar na lama para poderem ver os artistas tocarem. E o pior: todos estavam com fome. Os mantimentos haviam diminuído duas semanas antes de o show começar. Ninguém parecia se importar. As pessoas esperavam a chuva passar dentro dos carros, kombis e barracas. Compartilhavam a comida, a água, o álcool e as drogas uns com os outros. Felizes e festivas, seguiam em frente com a ajuda dos amigos. Toda vez que a chuva parava, a música recomeçava. E, minha nossa, que formação de artistas — Tim Hardin; Melanie; Arlo Guthrie; Joan Baez; Country Joe & the Fish; John Sebastian; Santana; The Grateful Dead; Creedence Clearwater Revival; Janis Joplin; Sly and the Family Stone; The Who; Jefferson Airplane; Joe Cocker; Blood, Sweat, and Tears; Crosby, Stills, Nash, and Young; Sha Na Na; e Jimi Hendrix, entre outros. A música e a letra descreviam uma linda visão de liberdade e paz, e as pessoas que foram a Woodstock se tornaram essa visão.

A música ecoou por toda a região. O sistema de som era tão poderoso que expulsou todos os pássaros de Sullivan County. Eles só voltaram quando o Woodstock acabou. Para todo o restante, a música era um som feliz.

Quanto a mim, o hotel El Monaco era o lugar mais próximo que eu poderia estar da fazenda do Yasgur. Eu tinha um negócio a gerenciar e, graças a Woodstock, as exigências no El Monaco eram impressionantes. Literalmente, milhares e milhares de pessoas chegavam, precisando de tudo, desde primeiros socorros a lugares para dormir. Meus dias eram um borrão contínuo de exigências — pegar quantidades enormes de papel higiênico, comida, bebida e pilhas de lençol em todo o complexo; corresponder aos pedidos frequentes de ajuda da minha mãe e tentar acalmar os hippies que entravam em inúmeras fantasias induzidas pelas drogas. Depois que voltavam à Terra e sua sanidade era recuperada, a maioria dormia ali mesmo, na lama. Na verdade, centenas de pessoas estavam espalhadas pelas áreas do El Monaco, chapadas, bêbadas, roncando. O lugar parecia um campo de batalha depois de um combate.

Na sexta-feira em que se deu início ao show, a vida no El Monaco fez com que um circo comum parecesse calmo e sedado. Assim que eu terminava uma tarefa, já tinha de me desdobrar para realizar outra. Em meio a todo esse caos, percebi que meu pai estava cansado e desanimado. Ele estava levando lençóis para a ala Faye Dunaway quando vi que seu rosto estava pálido, exaurido e mais marcado do que o normal. Corri até ele e disse:

— Aqui, pai, pode me dar os lençóis. Vá tirar um cochilo. Estamos bem. Eu chamo se precisar de você.

Ele concordou de maneira cansada.

— Está bem, Elli — disse ele. — Talvez eu tire uma soneca rápida.

Passei o resto da tarde no escritório ou em algum dos nossos prédios, completamente envolvido no trabalho. Eu tinha a leve sensação de que uma música estava sendo tocada em algum lugar — talvez no estacionamento ou na rua. Porém, ela nunca me desconcentrava do que eu estava fazendo. Então, por volta das 17h, o brilho refrescante da música penetrou meu ser e me levou de volta à vida. Levantei a cabeça e segui o som até a janela do escritório, de onde eu via pessoas paradas no estacionamento e na rodovia 17B. Todas estavam olhando na mesma direção — a noroeste, em direção a White Lake. Saí do escritório e me juntei a elas na lama. Então pude ouvi-la, clara e iluminadora como a luz do sol. Richie Havens estava cantando "Freedom".

A voz inconfundível de Richie descia a rodovia 17B como um trovão. Ela saltava nas montanhas, nos vales e nos lagos que uniam a fazenda do Yasgur e o El Monaco e, quando finalmente nos alcançou, nos livrou de nossas preocupações diárias e nos fez acreditar que todas as coisas eram possíveis. Olhei em direção à fazenda e sorri. Eu não podia ir ao show, então ele teve de vir até mim.

O dia seguinte começou tão louco quanto o anterior, e foi ficando ainda pior com o passar das horas. No início da tarde daquele sábado, logo após outro aguaceiro, sentei no quintal da frente do hotel — ou melhor, no que havia sobrado dele — e tentei consolar outro jovem ensopado de lama saindo de uma bad trip de LSD. Ele estava encarando o nada, vendo coisas que não existiam, quando me dei conta do som da moto que descia a rodovia 17B em direção ao El Monaco. Quando me virei, vi que a moto estava vindo em nossa direção. Ela parou a poucos metros, jogando lama em nós dois.

— Está louca? Este lugar está cheio de gente. Você poderia ter matado alguém! — gritei.

A motociclista tirou o capacete e seus longos cabelos castanhos ficaram aparentes. Ela estava com uma jaqueta de couro e uma saia jeans azul. Sem dizer uma palavra sequer, a jovem desceu da moto e deixou que ela caísse no chão. Seu rosto estava vermelho e seus grandes olhos ficaram repentinamente maiores. Parou na minha frente, sua boca estava levemente aberta, mas ela não dizia nada. Estava molhada de chuva e, quando olhei para baixo, percebi que estava grávida. A água parecia estar escorrendo entre as pernas dela, mas não era a água da chuva. Meu Deus, pensei. É isso mesmo que estou pensando? A bolsa da mulher tinha acabado de estourar!

Eu sabia que a situação exigia uma atitude rápida, mas também percebi que eu não era o melhor candidato para aquela tarefa. Para começar, eu não tinha ideia do que fazer em emergências médicas. Repeti em biologia porque não consegui cortar meu sapo na aula de dissecação. Eu não podia usar heroína — nem nada que envolvesse uma agulha — porque tinha medo de furar minha pele. Posso parecer grande e forte, mas me diga onde está escrito que o sr. Grande e Forte tem a capacidade de ajudar uma mulher a dar à luz?

A chegada dramática da garota fez com que dezenas de hippies chapados, que minutos antes estavam largados inconscientes no chão, acordassem. Agora todos estavam à minha volta, olhando abismados para a garota, como se ela fosse de outro planeta.

— Nossa — disse um deles. — Ela vai ter um bebê.

— Alguém aqui, por acaso, é médico ou enfermeira? — perguntei histericamente.

Eles viraram a cabeça e se entreolharam. "Não" e "Eu não, bicho" eram as respostas.

— Então pelo menos me ajudem a levá-la ao hotel — gritei. Com a ajuda de mais dois homens, formei um assento com os braços e levei a garota até o bar. Enquanto a multidão de homens e mulheres seguia em frente devagar, meu pai, com o taco de beisebol na mão, veio correndo investigar a comoção. Deitamos a garota no chão, e papai percebeu que ela estava prestes a dar à luz.

— Pai, vá buscar ajuda! — ordenei. Embasbacado e desorientado, ele saiu correndo. Eu não fazia ideia de aonde estava indo.

De repente, os neurônios de um dos hippies voltaram a funcionar e ele disse:

— Acho que ninguém vai conseguir chegar aqui, cara. O trânsito está parado.

Caceta, percebi. *Ele tinha razão!*

— Alguém liga para a polícia estadual e avisa que uma mulher está prestes a ter um bebê, e que precisamos de um médico o mais rápido possível — eu disse. — É o hotel El Monaco — afirmei. — Diga que estamos na rodovia 17B em White Lake.

Várias pessoas saíram correndo em direções diferentes. Virei para a garota e vi seu rosto assustado. Seus olhos estavam ficando cada vez maiores. Ela devia ter uns 20 anos. Quando começou a gritar de dor, seus berros cortaram minha onda de terror e eu comecei a pensar.

— Você vai ficar bem — afirmei. Dei uma olhada embaixo da saia, já que imaginei que aquele seria o lugar certo a me concentrar. — Vou tirar a sua calcinha, está bem? — perguntei.

Uma mulher com 30 e poucos anos estava sentada perto da cabeça da menina grávida. Ela levantou a cabeça da garota e colocou um casaco embaixo para servir de travesseiro. A mulher começou a passar a mão no cabelo da garota.

— Vai ficar tudo bem, querida — ela disse. — Não se preocupe, estamos aqui com você.

Outros estavam perto dela e ofereciam palavras de apoio. As pessoas estavam ajoelhadas no chão, em volta da mulher grávida. Removi delicadamente a calcinha e lembrei que, em algum programa de tevê, devemos gritar "Alguém esquenta uma água!" e depois "Empurre!". Mas o que eu sabia? Eu não tinha ideia do que fazer com água fervente, então gritei "Empurre!".

Aliviados por terem o que fazer, todos me acompanharam e gritaram "Empurre! Empurre! Empurre!".

A menina grávida sem nome deitada no chão respirou fundo, gritou heroicamente e empurrou forte. A mulher mais velha que segurava a cabeça dela fazia carinho e sussurrava: "Você está indo bem, querida. Você está ótima. Continue assim."

Eu gritava "Empurre" em vão, esperando que algo acontecesse. Até que aconteceu. A parte de cima de uma cabeça escura e cabeluda começou a emergir do meio das pernas da moça. Fiquei muito animado. Deu-se início a um coro de torcida. "Você está conseguindo!", alguém gritou. "Dá para ver o bebê saindo", outra pessoa disse. "Vamos dar à luz!", gritou triunfalmente mais uma pessoa.

Eu não tinha ideia do que fazer além de segurar delicadamente a cabeça do bebê enquanto a jovem continuava empurrando.

— Empurre, empurre, querida. Você está quase lá — eu disse. De repente, percebi por que eles chamam de trabalho de parto. A pobre mãe suava abundantemente. Ela estava sem fôlego e empurrava com toda a força. *Dá muito trabalho trazer um bebê ao mundo*, pensei. É também muito doloroso. Essa menininha inocente com olhos grandes e cabelo castanho estava empurrando com toda força contra a resistência do próprio corpo. Tecidos estavam sendo rompidos e sangue e lágrimas estavam escorrendo. Mas eu conseguia ver a ferocidade e a determinação em seus olhos.

De repente, o coro percebeu que a cabeça do bebê havia saído completamente. "Está quase saindo!", alguém gritou. "Você está conseguindo, moça, você está conseguindo. Continue assim. Continue assim!"

Então algo completamente novo aconteceu: uma menininha de Woodstock havia nascido em meus braços. E ela estava chorando. Houve um coro muito alto. "É menina!" alguém gritou. "Ei, moça, você tem uma filha! Você tem uma filhinha!"

Fiquei momentaneamente privado de qualquer tipo de pensamento. Eu só conseguia ficar maravilhado. E então percebi que, assim como aquele bebê estava ligado àquela mulher por um cordão umbilical longo, eu também estava ligado a ela, embora qualquer ligação minha com as mulheres ao longo dos anos tenha sido, no máximo, periférica. Sangue, tripas e uma mãe nua. Era natural, era verdadeiro e era uma tremenda bagunça.

Eu estava de cara com um dilema: o que deveria fazer com o cordão umbilical e com o que quer que estivesse ligado a ele? Eu não sabia. Até mesmo uma grande descarga de adrenalina não me induziria a cortar tecido humano. Da plateia que me cercava, alguém deu um passo à frente e se ajoelhou do lado da nova mãe e de sua criança. Era Vilma. Ela tirou sua capa preta de seda transparente e a envolveu no bebê.

Outra pessoa se ajoelhou e disse no meu ouvido: "O helicóptero está a caminho, Elli." Percebi que era a voz do meu pai. Ele havia pedido um helicóptero pelo telefone. "Eles disseram que chegariam em poucos minutos." Então se inclinou sobre meu ombro e disse: "*Boychik*, acha que é o único que consegue fazer com que esses troços venham para cá?"

Eu segurei o bebê, ainda preso pelo cordão, e o entreguei à mãe. Depois ajudei a garota a sair do bar, nós três cercados por mais ou menos cinquenta novos tios e tias de consideração da criança. Ficamos sentados perto da porta da frente esperando que o helicóptero chegasse. Um silêncio tranquilo nos envolvia. Ninguém queria dizer uma palavra sequer. Era como se o momento fosse precioso demais para ser corrompido por palavras. A mãe colocou a criança no seio e começou a amamentá-la. Enquanto isso, todos nós descansamos durante um tempo que parecia uma eternidade.

Finalmente, olhei para a mulher e a criança completamente encharcadas e sujas e perguntei inocentemente:

— Como você teve coragem de vir ao festival na condição em que estava?

A mais nova mãe olhou para sua filha, sorriu e depois olhou para mim de novo:

— Eu não sabia que a gravidez estava tão avançada — disse ela calmamente, tomada de felicidade. — Nunca tive um filho antes.

De repente, um guarda montado em seu grande cavalo avermelhado veio galopando pela rodovia 17B e chegou ao hotel. Ele desceu do cavalo com esplendor e veio até nosso grupo.

De dentro do escritório do hotel, vi mamãe correr até o centro da comoção.

O policial perguntou se eu era o pai.

Era tudo o que minha mãe precisava ouvir. Ela gritou:

— Não! Não! Ele não! Ele é meu filho. Ele não é casado. Ele é solteiro, e aquela garota nem cara de judia tem. Como poderia ser ele?

A lógica é uma beleza mesmo, pensei.

— Não, não sou o pai da criança — afirmei. — Mas elas precisam de cuidados médicos o mais rápido possível.

— O helicóptero está a caminho — disse o soldado.

Não demorou para ouvirmos o som suave das lâminas enquanto o helicóptero se aproximava do El Monaco. Fiquei ouvindo, seguro por todas as lembranças associadas a esse som tão familiar. Virei para a jovem mãe e disse para ela não se preocupar, a cavalaria estava a caminho. Logo, a grande baleia azul e prateada estava pairando sobre nós, espalhando peças de roupa e restos de lixo pela lama. A besta desceu, aterrissou docilmente e ficou parada.

Um segundo depois, a porta do helicóptero se abriu e várias pessoas saíram de seu interior. Um médico militar com um jaleco branco e um estetoscópio no bolso veio correndo na direção da mãe e da criança. Ele colocou a mão no ombro da moça e disse:

— A senhorita está bem? — A jovem mãe acenou com a cabeça que sim.

— Vamos ajudar você — disse o médico. Ele cortou rapidamente o cordão umbilical e removeu a placenta. *Oy vey*, pensei. *Nunca mais como ensopado!*

Dois paramédicos ajudaram a jovem, ainda com a criança no colo, a subir numa maca e a transferiram rapidamente para o helicóptero. A porta se fechou e as lâminas começaram a girar intensamente de novo. De repente, percebi que eu não sabia o nome da mãe nem havia perguntado a ela qual seria o nome da criança.

Eu me afastei e observei enquanto o helicóptero decolava e voava diretamente para o céu. Ele tomou o rumo sudeste e foi em direção a Manhattan, transformando-se em um pequeno ponto antes de desaparecer completamente. Eu sorri e dei tchau. Uma onda inesperada e repentina de alívio tomou conta de mim. Eu me senti mais leve, como se cem cadeiras que eu carregara a vida toda tivessem se despedaçado diante de mim. Enquanto o som do helicóptero se esvaía, a música do Woodstock voltou a soar em meus ouvidos.

🦋 🦋 🦋

No resto do dia e no dia seguinte, os shows continuaram. Algo muito especial aconteceu enquanto o tempo alternava entre chuva e sol. Durante um momento na história, uma nação de jovens se uniu pela alegria de compartilhar música — e, sim, drogas também. Mas havia muito mais. Havia um senso completamente verdadeiro de união, paz e, acima de tudo, amor. A 6,5km, no El Monaco, o sentimento existia na mesma intensidade. Apesar de não haver mais bebê algum prestes a nascer, havia um fluxo constante de jovens enlouquecendo com uma quantidade variada de substâncias alucinógenas. Mesmo assim, para cada um deles que estava em uma bad trip, havia aqueles desconhecidos compreensivos que paravam para ajudar, abraçar e acalmar esses jovens dos shows de horror pessoais que imaginavam.

Quando a música chegou ao fim, eu estava física e emocionalmente exausto, porém completamente eufórico. Sabia que, pela primeira vez, eu não estava sozinho. Os anos escondendo minha sexualidade, acorrentado a meus pais pela responsabilidade e observando todo centavo que eu ganhava ser engolido por uma cova de dinheiro resultaram em um profundo senso de isolamento em mim — um sentimento de solidão que nunca havia desaparecido. Mas agora eu me sentia parte de um todo maior, uma geração que podia se definir por sua atitude de aceitação, seus estilos loucos e coloridos e seu amor pela nova era de rock'n'roll.

Durante três dias gloriosos, fui arrastado por um fenômeno social que ajudei a tornar possível, e o fato de que apenas algumas pessoas conheciam meu papel não era importante. O importante era como eu me sentia: livre e conectado a todos e a tudo à minha volta. Tudo bem, talvez nem tanto à minha mãe, mas, com tantos sonhos realizados, eu podia lidar com isso. Nós conseguimos pagar todas as dívidas do hotel, e agora ela podia ir a Miami Beach com estilo, assim como toda a clientela expatriada de Catskills. Eu havia, finalmente, vivenciado momentos entre pai e filho. E, naquele instante, percebi que meu futuro seria tão sincero, acolhedor e verdadeiro quanto eu sabia agora que a vida podia ser.

No fim daquele verão, depois que a multidão finalmente foi embora, fechamos o El Monaco para a temporada. Mas no meu coração eu sabia que aonde quer que eu fosse e o que quer que eu fizesse, eu estaria levando Woodstock comigo. Pode não ter mudado o mundo por completo, mas mudou drasticamente minha vida. E até hoje, toda vez que vejo uma camisa tie-dye ou ouço a música de uma das bandas do Woodstock, é impossível não sorrir.

Epílogo

O festival terminou no domingo, dia 17 de agosto. Naquele momento, a antiga vida que eu levava havia acabado. A página fora virada, e voltar para Nova York para ser um diretor de arte e designer de interiores era impossível. Que diferença fazia se mais uma dondoca da Park Avenue tivesse uma réplica da Capela Sistina no teto de sua sala ou se a Lord & Taylor tivesse mais uma exposição ostentadora em sua vitrine na Quinta Avenida?

Os valores do Woodstock — insistir na liberdade de ser você mesmo e de dar e receber amor — haviam me transformado, e isso não tinha volta. Por outro lado, eu ainda não sabia como seguir em frente.

Naquela segunda-feira, exausto e meio perdido, fiquei em meu escritório observando o longo desfile de pessoas indo para casa. A polícia havia transformado a rodovia 17B em uma avenida de três pistas indo na mesma direção — o sudeste, em direção à avenida New York State. O êxodo estava silencioso e dominado, o público, desgastado pelos excessos de uma festa muito longa. Vi motores de ônibus pintados em cores Day Glo, fusquinhas, caminhonetes e Harleys passando pelo meu escritório como uma marcha fúnebre para um grande rei. Não pude observar durante muito tempo, pois parecia que o sangue que dá a vida estava saindo de minhas veias.

Quando chegou a noite, não havia mais trânsito. White Lake, Bethel, era uma cidade fantasma, sinistramente silenciosa. Naquela noite, papai, mamãe e eu fechamos o hotel para a temporada, e logo depois os dois foram para o quarto e dormiram. Fui para o bangalô número 2 e fiz o mesmo — durante trinta horas.

Depois que recuperei a consciência, liguei para Mike Lang e disse que havia mais ou menos 35 mil dólares em vendas de ingresso que precisávamos passar para a Woodstock Ventures. Será que ele poderia passar aqui para pegar o dinheiro? É claro que eu poderia ter mandado um cheque para ele, mas eu queria vê-lo, apenas para encontrar mais uma vez o homem que, sem saber, mudou minha vida para sempre.

Epílogo

Mike chegou ao El Monaco despreocupado e feliz. Parecia estar bem, levando em conta tudo o que passou. Havia notícias de que ele estava sendo processado por uma grande quantidade de credores, mas, como sempre, Mike estava tranquilo e calmo. Eu sabia que tudo daria certo — ele tinha esse dom. Comentei que era provável que eu também tivesse problemas com os moradores locais. Ele disse para eu não me preocupar — ele e os sócios tomariam conta de tudo antes de encerrarem as coisas em Bethel.

Antes do festival, Mike havia garantido ao conselho que deixaria a cidade em um estado melhor do que estava antes de o Woodstock surgir. Como sempre, sua palavra era de ouro. Ele combinara de manter três mil voluntários em Bethel para limpar a fazenda do Max e todas as ruas da cidade. Os voluntários cataram latinhas, toalhas, roupas, sapatos e muito mais. Quando acabaram, Bethel brilhava razoavelmente.

Mike e eu nos abraçamos e nos despedimos. Nenhum dos dois sabia na época que o Woodstock se tornaria um ícone cultural. Demorou vinte anos até nos vermos novamente em uma festa em Manhattan. Nós dois apareceríamos em programas de televisão e de rádio para deleitar ouvintes com histórias do Woodstock. Mas, naquele dia do verão de 1969, nenhum dos dois sabia o que o futuro nos reservara.

Papai e eu passamos as duas semanas seguintes arrumando o hotel, mas, quando o lugar estava reorganizado, percebemos que não havia mais nada em Bethel para mim. Coloquei minhas roupas e meu portfólio em meu novo carro — um Cadillac, comprado com um pouco de meus lucros de Woodstock, fechei o porta-malas e me despedi do papai e da mamãe.

— Você está fazendo a coisa certa, Elli — papai disse. — Vamos ficar bem. Você vai ficar bem. Se qualquer pessoa com uma cara suspeita aparecer atrás de você, já tenho a resposta: que festival? Quem é Elliot Tiber? Sou Jack Teichberg. Não vi festival algum. *Gei gezunta hei*, filho. ("Tenha uma boa saúde", em iídiche.) Estou orgulhoso de você.

Duas semanas depois, eu estava em Hollywood, Califórnia, onde consegui emprego como decorador de interiores. Também entrei para um grupo de design de sets de filmagem, algo que esperava que me levasse a uma carreira no cinema. Mas o destino tinha outros planos. Oito meses depois, em maio de 1970, minha irmã ligou e disse que papai estava hospitalizado com câncer no cólon. Os médicos não achavam que ele fosse viver muito tempo.

Fui correndo a Bethel e encontrei papai no hospital em Monticello, deitado numa tenda de oxigênio, praticamente inconsciente. Nas semanas seguintes, fiz visitas regulares ao quarto dele. A maior parte do nosso tempo juntos era em silêncio, enquanto eu segurava sua mão. Mas um dia no início de junho, quando eu estava prestes a me levantar para ir embora, senti a

Epílogo

mão dele segurar a minha com uma força surpreendente Aproximei minha cabeça da tenda de plástico para ouvi-lo melhor.

— Meu menino, meu filho — ele começou. — Eu amo você. Eu sei de você, sei o que você faz. Sei sobre sua vida, sobre seus amigos. Só quero que você saiba que não tem problema para mim. Espero que você encontre alguém com quem possa ser feliz — ele olhou profundamente nos meus olhos e acenou com a cabeça, demonstrando sua aceitação e seu amor. Fez uma pausa até recomeçar. — Só tenho uma coisa a pedir para você. Quando eu morrer, quero ser enterrado olhando para Woodstock. Sabe aquele pequeno cemitério judeu perto da fazenda do Max? É lá que quero estar. O festival foi a melhor época da minha vida, e foi graças a você.

— Não, pai — respondi. — Fomos nós dois. Você e eu.

No silêncio que se seguiu, surgiu a pergunta que não queria calar em muitas ocasiões.

— Pai — eu disse. — Por que você ficou com a mamãe todos esses anos? Você estava tão cansado... Por que não pedia para ela parar com as exigências?

— Eu a amo — ele sussurrou. Essas foram as últimas palavras que eu o ouvi dizer. No dia seguinte, ele morreu.

Quando dei à minha mãe a notícia de que papai havia morrido, ela teve um treco:

— Yankl, como pôde fazer isso comigo? — ela reclamava. — Como pode me deixar aqui sozinha no início da temporada? Como vou dar conta? Como vou alugar os quartos, arrumar as camas e cortar a grama sozinha? Como pode me deixar sozinha no hotel no dia da decoração? Quem vai consertar o encanamento? Você nunca me deu nenhum dia feliz na vida! Nenhum momento de felicidade! Nunca! Você nunca me deu nenhum dia feliz em toda a minha vida!

Enterramos o papai no cemitério que contemplava a fazenda do Max. Naquele mesmo ano, a família que era dona dos restaurantes italianos no Bronx comprou o El Monaco e o transformou em mais um restaurante italiano. Vendemos a maior parte de nossos bens, e eu coloquei mamãe em um asilo judeu chique em Riverdale, Nova York. Havia uma sinagoga no local, com um rabino e muitas yentas para fofocarem com ela. Depois que se acomodou, ela disse que estava feliz. "É lindo aqui", ela disse um dia *"Unzereh menschen'*, ela disse ("Nosso povo.")

Ao que se revelou, ela nunca precisou enfrentar um de seus maiores medos — envelhecer sem dinheiro suficiente no bolso. Algum tempo depois de eu ter colocado minha mãe no asilo, fiquei sabendo que, ao longo dos anos, ela havia conseguido juntar mais ou menos 100 mil dólares em dinheiro com os rendimentos do hotel — um dinheiro que nem papai nem eu fazíamos ideia que existia.

No início dos anos 1990, mamãe morreu, tendo gasto praticamente todo o dinheiro que guardara para a aposentadoria. Logo antes de ela morrer, eu disse que

Epílogo

estava escrevendo um livro sobre o Woodstock e sobre a aventura emocionante que havíamos compartilhado no El Monaco.

— Espero que você não mencione meu nome no livro — disse ela. — Não diga às pessoas onde estou. O que eu diria se os repórteres me perguntassem o que aconteceu lá? Acho melhor ficar quieta e não dizer nada a eles, já que não quero estragar seu livro. Eu odiava aqueles jovens com aquelas drogas e aquele sexo sujo — jovens que deveriam estar em casa com a mãe deles. Eu odiava a música também. Fiquei com vergonha de você estar lá. Não sei por que quer lembrar as pessoas quem você era e onde está agora. Vão culpar você porque foi você que fez o Woodstock acontecer. Tenho vergonha de você e do Woodstock.

Algumas coisas não mudam nunca.

Nada do que ela disse me importava mais, porque eu havia encontrado a única coisa que passei a vida toda procurando — amor. Na primavera de 1971, conheci Andre Ernotte, um diretor e professor belga que estava em Manhattan estudando teatro americano através da Harkness Fellowship. Andre tinha 30 e poucos anos, era alto — tinha mais ou menos 1,88m —, bonito e magro. Em toda a minha vida, nunca havia encontrado uma pessoa com quem eu conseguisse conversar e mostrar quem eu era tão facilmente quanto conseguia com Andre.

Três meses depois de nos conhecermos, Andre voltou à Bélgica, e eu fui logo depois. Lá em Bruxelas, construímos um lar. O temperamento europeu combinava com minhas sensibilidades, e minha criatividade floresceu. Aprendi francês e escrevi para a televisão, o teatro e o cinema. Depois me tornei dramaturgo do National Theatre of Belgium. Andre e eu trabalhamos juntos em muitos roteiros e produções teatrais, não só na Bélgica, mas também na França e em outros países.

No meio dos anos 1970, escrevi um livro, *Rue Haute*, sobre a ocupação nazista em Bruxelas durante a Segunda Guerra Mundial. O livro se tornou um best seller na Europa e foi traduzido para o inglês e publicado pela editora Avon nos Estados Unidos como *High Street*. Andre e eu trabalhamos em um roteiro que se transformou no filme homônimo e foi distribuído nos EUA. O filme, que ganhou inúmeros prêmios na Europa e nos Estados Unidos, foi aclamado pelo *New York Times* como uma obra-prima extraordinária. Como na maioria dos trabalhos que fizemos juntos, Andre dirigiu o filme.

O amor entre mim e ele fez com que trabalharmos juntos em todas as áreas da vida fosse possível — desde fazer comida e planejar um dia comum até escrever, produzir e dirigir uma peça importante ou um filme. Quando um de nós precisava viajar a negócios, escrevíamos cartas de amor e poesias um para o outro — as do Andre eram escritas em inglês e em francês rebuscados.

Em 1999, Andre ficou doente e acabou morrendo de câncer. Estávamos juntos há 28 anos. Depois de sua morte, eu me mudei de novo para Nova York, onde me

Epílogo

tornei professor de discurso de comédia e performance na New School University e na Hunter College.

Em outubro de 2006, fui convidado para o 36º aniversário do filme *Woodstock*, da Academy of Motion Picture Arts and Sciences, em Beverly Hills. Na reunião, encontrei meus antigos amigos de Woodstock, inclusive Mike Lang, Stan Goldstein e John Roberts. Ficamos chocados com a maneira como havíamos mudado. Na verdade, simplesmente havíamos crescido.

Há um velho ditado que diz que a viagem é mais importante que o destino. O verão de 1969 me ensinou a verdade sobre essa declaração. De alguma forma, Stonewall e Woodstock produziram uma alquimia louca dentro de mim para que as muitas fibras do meu ser se fundissem e se tornassem um só homem. Essa mistura louca fez com que todos os meus sonhos se realizassem, inclusive o mais importante de todos: meu companheiro eterno, Andre Ernotte.

E agora, várias décadas após o Woodstock, posso relaxar e sentir a satisfação da viagem. Eu subi a montanha — pelo menos a que estava na minha frente. E como meu antigo inimigo, Moisés, encontrei algo importante no pico. Porém, no meu caso, não foi uma lista pesada de leis, mas a música, que ajudou a definir minha vida.

Você pode adquirir os títulos da Editora Best Seller
por Reembolso Postal e se cadastrar para
receber nossos informativos de lançamentos
e promoções. Entre em contato conosco:

mdireto@record.com.br

Tel.: (21) 2585-2002
Fax.: (21) 2585-2085
De segunda a sexta-feira,
das 8h30 às 18h.

Caixa Postal 23.052
Rio de Janeiro, RJ
CEP 20922-970

Válido somente no Brasil.

www.editorabestseller.com.br

Este livro foi composto na tipologia ClassGaramond BT,
em corpo 11,5/17, impresso em papel off-white 80g/m²
no Sistema Cameron da Divisão Gráfica
da Distribuidora Record.